JN224925

気軽にはじめて
超かんたん！

# 中国仕入れ&メルカリ販売
## 超入門

自宅副業で毎月10万円が稼げる
「自動販売機モデル」の作り方

佐藤 一成
Sato Kazunari

つた書房

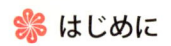 **はじめに**

　「今の収入に、あと少しだけプラスできたら……」そう思ったことはありません
か？　もしかしたら、毎月の支払いに追われている、将来のために少しでも貯蓄
を増やしたい。あるいは、子育てや介護で外に働きに出るのが難しいけれど自宅
でできる収入源が欲しいと、試行錯誤しているかもしれませんね。

　でも、「なんだか難しそう。」「初期投資が必要なのでは？」「時間も手間もかかり
そう。」「そんな上手い話は無いよね。」「失敗したらどうしよう。」そんな不安が
頭をよぎるのも当然です。ご安心ください。本書は、そんなあなたのために書か
れました。

　本書でお伝えするのは自宅にいながら気軽に始められる、副業に最適なビジネ
スモデルです。それは一言で言い表すと、メルカリを活用し中国から賢く商品を
仕入れて販売するという方法です。「なんだ、転売か」と思われた方もいるかもし
れません。

　しかし、本書でお伝えするのは、一時的な流行や運に左右されるような薄っぺ
らいものではありません。コソコソ世間の目に怯えながら罪悪感を抱えながら儲
けるような類では無く、胸を張りながら誇りを持って取り組める真っ当な「商社
ビジネス」を個人レベルで実践できるように落とし込みました。

　私たちが目指すのは、まるで「自動販売機」のように安定して売れ続ける人気
商品を繰り返し販売する、失敗しようがないビジネスです。とはいえ、あなたに
経験やセンスは必要ありません。既に4,000名以上の方が実証済の、コツコツ実践
すれば誰にでも同じ結果の出せる圧倒的な成功率を誇るビジネスモデルを全て公
開します。

　本書を読み終えれば、不良在庫が残らず利益もしっかり取れる商品の選び方や、
毎日あなたの商品ばかりが売れ続ける出品のコツ、小資金から初めてしっかりと
お金を増やしていく方法を知る事ができるでしょう。

　月10万円の収入であればたとえ副業であっても忙しい子育ての合間でも、自宅
で手堅く稼ぎ続ける事ができます。もちろん、私のビジネスモデルは決して難し
いものではありません。性別や年齢、経験を問わず、幅広い方が実践し結果を残
していますので、きっとあなたも「これなら自分にもできる！」「こんなにシンプ
ルで簡単で良いんだ！」と確信し、ワクワクした気持ちで中国輸入ビジネス×メ
ルカリの世界に足を踏み出している事でしょう。さあ、新しいビジネスの扉を開
き、あなたが思い描く理想の未来を一緒に実現していきましょう！

# CONTENTS

## 一章

### 毎月10万円を自宅で稼ぎ続ける ならメルカリが一番カンタン！

## 二章

### 中国輸入ビジネスの 基礎知識

## 五 章

# 毎日売れる！出品テクニック

# 六 <sup>章</sup> 自分自身のデータ分析「在庫管理」

# 七<sup>章</sup>

## 「1日1万円」は必ず達成できる！

## エピローグ

## 違いをもたらす違いとは？

# 書籍限定**9**つの特典

**特典1** クレームや無駄な問い合わせが入りにくくなる
「プロフィール例文テンプレート」

**特典2** 登録から商品受注までの手順を動画で解説!
輸入代行会社「ラクマート」の活用方法

**特典3** 仕入先探しが右クリックするだけで検索できる
画像検索ツール「チャイナリサーチ」

**特典4** リサーチに必要なデータを一括表示できる
パソコン用リサーチツール「メルストーカー」

**特典5** ライバルの分析を行い不良在庫を防いでくれる
手書きでできる「ライバルチェックシート」

**特典6** 初心者でも安心して仕入れ判断が自分で行える
メルカリ用「プランニングシート」

**特典7** ライバルの7日間の販売履歴を丸裸にする
リサーチツール「メルリサーチ」

**特典8** 出品中の煩わしいコメント対応を極力減らす!
オリジナル「商品説明文テンプレート」

**特典9** 在庫切れを防ぎ売上を伸ばし続けるための
動画解説付き「在庫管理表」

プレゼントは右のQRコードを読み取ってください
**https://ira.jp/l/u/tokuten/**

直接ブラウザに入力する場合は上記URLを
ご入力ください

※各種特典データは著作権法で保護された著作物です。 許可なく配布・転載を禁止します。

一章

# 毎月10万円を
# 自宅で稼ぎ続けるなら
# メルカリが
# 一番カンタン！

## SECTION

# 01 なぜメルカリなのか？

　私は過去8年以上に渡り、4,000名を超える方々へネット物販ビジネスの指導を行ってきました。多くの方がサラリーマンや主婦など副業でスタートし、今では本業を超える収入を得たり夢の独立起業を果たし事業展開される方も多数排出しています。

　私の提唱するネット物販ビジネスモデルは低資金からはじめられ、コツコツ作業を継続する事さえできれば失敗しようが無く誰にでも同じ結果を出す事ができます。

　なぜそんな事ができるのでしょうか？　その理由の一つはメイン販路としてメルカリを選択したからです。メルカリは今や日本人の7人に1人が利用する巨大なネット物販市場へ成長しています。メルカリの公式リリースによると、2022年10月時点で月間利用者数は2,075万人を突破しています。つまり、メルカリへ出品するという事は毎日67万人以上のお客さんが押し寄せるショッピングモールへ出店するようなものです。物販ビジネスは人が多く集まる場所で商売を行う事が成功の鉄則です。しかも、出店料や家賃は必要ありません（商品が売れた際に発生する販売手数料のみ）。メルカリはランニングコストが発生せず、集客不要で常にお客さんの流れが途切れないという物販未経験者にとって理想的な販路なのです。

## 購入意欲の高いお客さんへ平等にアプローチできる

　メルカリはスマホ1台で簡単に取引できるよう独自の販売システムやルールが出来上がっています。販売方法やルールについては次章以降で詳しく解説するとして、今回お伝えしたい一番のメリットは購入者側から見た商品購入へのハードルの低さです。他のショッピングサイトと比べ商品購入までの導線がとてもシンプルなので、パソコン操作に慣れていない人や普段ネットショッピングを利用しない人でもメルカリはスマホだけで簡単に購入する事ができてしまいます。

　メルカリでは出品者全員の商品を公平にお客さんへ表示させる仕組みが採用されています。メルカリ熟練者であれ、あなたのような未経験者であっても平等に購入意欲の高い利用者へ商品を提案できるので、誰もが大きな売上を獲得できるチャンスが広っています。

　ただ、注意が必要なのはスマホ一台で簡単に取引できるというのは購入者側だという事です。私達販売者はこれから毎日のように大量の商品を販売し発送業務や適切な在庫管理、迅速な顧客対応が求められます。そういった業務を効率的にこなすためにパソコンの用意は必須であると考えておきましょう。とはいえ、難しいパソコン操作は必要ありません。

　私のもとにも未経験でパソコン操作が苦手という状態からビジネスをスタートさせた方が沢山いらっしゃいます。そういった方も今ではラクラクとパソコンを使いこなし売上拡大させていますよ。

## スマホと電話番号、メールアドレスだけで手軽にはじめられる

　ビジネスとしてネット物販を始める際、多くの大手ECモールでは出店審査が必要です。法人であれば登記簿謄本、個人事業主であれば開

業届や個人情報の提出など各種書類を揃えた上で、審査期間も1週間ほど待たされるのが通常です。場合によっては審査に通らずビジネスを開始できない事もあります。

　一方メルカリでは厳しい出店審査は無く、会員登録を行えばすぐにでも出店（出品）を開始できます。会員登録に必要なのはスマホと電話番号、メールアドレスのみです。スマホにアプリをダウンロードして簡単な設定を行う数分の作業だけで開店準備ができてしまう手軽さも本業や子育て等が忙しい方にとって嬉しい仕組みです。

　副業だから本名を知られたくない。という心配もあるでしょう。メルカリでは本名での登録や本人確認は必須ではありますが、出品者情報に個人情報が公開される事はありません。

　商品が売れた際も匿名配送という配送方法が選択できます。匿名配送は出品者と購入者共に個人情報を公開せず取引を進める事が可能です。メルカリは個人情報を守る仕組みも万全なので、副業でも安心してビジネスを進める事ができるのです。

## すぐに売れて、素早く現金化

　メルカリは出品するとすぐに売れてしまう！　という他販路には無い大きな特徴があります。その理由は、メルカリでは商品が出品された順番に画面上に表示される仕組みが採用されているからです。つまり、メルカリ画面の上にあればある程、直近に出品された商品だという事になります。

　あなたの商品も出品した瞬間はメルカリの一番上に表示されます。一方、購入者は通常上から順番に欲しい商品を探していきます。そこであなたが、魅力的な商品を売っていれば出品してすぐに売れてしまうのは当然の話なのです。

商品が購入者の元へ届き取引が無事完了すると、あなたのメルカリアプリに売上金が反映されます。メルカリではその売上金をすぐに振込申請※する事も可能です。早ければ振込申請後、翌営業日にはあなたの銀行口座へ売上金が振込まれるスピード感も魅力です。

このように、メルカリは仕入れた商品をすぐに売って素早く現金化できるので、キャッシュフローの回転が非常に良い健全なビジネスに最適な販路と言えます。

※振込申請

200円の振込手数料が必要。残高金額が振込手数料以下の場合、振込申請をする事はできません。

## 少資金からはじめられる

メルカリで最もよく売れる価格帯は1,000～5,000円が全体の9割を占めると言われています。私達が取り扱う商品単価も1,000円前後を想定し仕入れを行いますので、メルカリユーザー層に適した価格帯で売上が上がりやすいという側面もあります。

1,000円の商品を販売するとどれくらいの利益になり、必要な経費はいくらになるのでしょうか？　私達は商品を仕入れ、販売する際に徹底したデータ分析を行い、導き出した数字を重視して販売を行います。すると、あなたの手元に残る利益は約30～40％に落ち着いてきます。つまり、1,000円の商品を販売すれば300～400円の利益が手に入るという事です。逆に仕入れや発送、その他必要な全ての経費は1商品あたり600～700円になります。一般的な小売業であれば利益率は25～30％取れれば優秀とされる中、非常に高い利益率であると言えるでしょう。

さらに、私達は小売店の様に大量の仕入れを行う必要はありません。むしろ、はじめは5商品程度からスタートし、少しずつ成長させていく事を推奨しています。5個の商品を売るために必要な初期費用は3,500円程度です。初期費用1万円もあれば充分な余裕を持ちながらビジネスを開始できます。

※利益率
　売上額から仕入れ金額や販売手数料、発送にかかる経費を差し引いた「利益額」の割合。
利益額（円）＝販売価格−仕入れ価格−販売手数料−送料−その他の雑費
利益率（％）＝利益額÷販売価格×100

**利益額の計算方法**

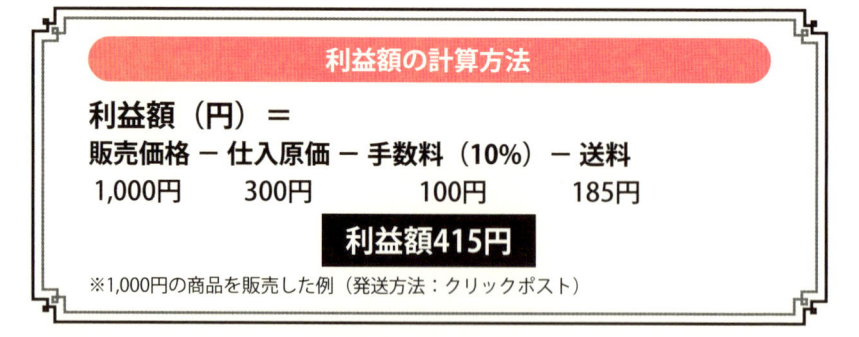

## メルカリで毎月10万円稼ぐには？

　先程お話した通り、私のビジネスモデルを実践すれば利益率は約30〜40％に落ち着く事になります。そこから逆算すれば10万円の利益を上げるために必要な売上金額は約30万円となります。つまり、1日1万円の売上を達成できればあなたは10万円の収入を得る事ができます。
　売上30万円を達成するために必要になる元手は20万円程度ですが、

すぐに20万円用意する必要はありません。1ヶ月1万円からはじめたとしても、最初は利益に手を付けずビジネスに再投資して複利で回していけば、2ヶ月目には約15,000円、3ヶ月目には22,500円と1.5倍ずつ増えていき、9ヶ月後には25万円以上の資金が貯まっています。そしてそのまま1年続けていけば約130万円にまで膨れ上がるのです。

　これは決して絵空事ではありません。私が指導した多くの方がこの通りの結果を実証してくれています。

　では、1日の作業量はどの程度でしょうか？　1商品の販売価格は1,000円前後なので、1日1万円を達成するには、たった10個の商品を売るだけで良いのです。1日10個は多く感じますか？　そんなに沢山売る商品があるのだろうか、梱包や発送が大変そう、毎日時間を取られそう、様々な不安や疑問が浮かんでいるかもしれません。

　ところが、1日数時間の作業を無理なく気楽に進めながら、毎日10個以上の商品を売り続ける手法こそが私が提唱し、8年間以上に渡り変わる事無く、今でも多くの実践者が同じ結果を出し続けているビジネスモデルなのです。そして月商30万円を達成したその先には、月商100万円以上にまで成長できるメソッドも揃っています。そのカラクリをこれからじっくりと紐解いていきましょう。

### 個人事業・副業スタイルではメルカリが最適

|  | メルカリ | その他ECモール |
|---|---|---|
| 集客力 | 月間約2,000万人 | 月間約2,000万人〜5,000万人 |
| 出店審査 | 不要 | 必要 |
| 出店料 | 無料 | 月5,000円〜5万円 |
| 販売手数料 | 一律10% | 3%〜15% |
| 出金スピード | 最短翌営業日 | 2週間程度 |
| 初期資金 | 数千円〜 | 最低10万円〜 |
| 上位表示 | 誰でも無料 | 広告費が必要 |
| ライバル | 個人 | 企業 |

# 02 未経験者だからこそ、メルカリで稼げる理由

## メルカリにはプロが存在しない！？

　私は、ネット物販未経験者で「毎月数十万円の収入を手堅く稼いでいきたい」という方には、まずはメルカリからはじめる事をおすすめしています。ネット物販というと楽天やAmazon、ヤフーショッピングなど大手ECモールを想像する方も多いようですが、未経験者が軽い気持ちで参入しても間違い無く返り討ちに遭うでしょう。

　その理由は大手ECモールは大資金を持った大企業や経験豊富な出店者がひしめき合う世界だからです。最近では海外からの参入者も多く、低コストを売りに莫大な広告費をかけながら年商数億円レベルの戦いを繰り広げています。知識も資金力も無い一個人であるあなたが戦いを挑んでも勝ち目が無いのは明白です。

　一方、メルカリは規約や特性上そういった大企業や海外勢が参入しにくいプラットフォームです。アプリでの出品に最適化され、1つ1つの商品に対して販売対応をする仕組みは業者が最も嫌がる方法です。海外からの参入についてはメルカリが認めていません。

　つまりメルカリは強い競合他社は存在せず、あなたと同じような個人商店のみが集まり、公平に商売できる環境を提供しているのです。

　販売者としての登録から出品開始までのスピード感や、発送や顧客対応、売上金の振込体制の柔軟性も個人として利用する形に最適化されています。

メルカリはすぐにはじめられ、月数十万円を稼ぎ出す市場規模としても充分です。未経験者でも出品すれば即売れる仕組みや業者が存在しない環境は、あなたにとって最も有利で売上を上げやすい唯一の販路と言っても良いでしょう。

## 他のフリマアプリの状況は？

フリマアプリはメルカリだけでは無く、ラクマやYahoo!フリマといった他社アプリも存在します。メルカリの様なフリマアプリが良いのであればラクマやYahoo!フリマにも出品すればさらに売上が上がるのでは？　と思うかもしれません。

ところが、私が検証した結果によるとメルカリ以外のフリマアプリでは、同じ様に出品しても売上はメルカリの1割程度に留まってしまいました。他販路へ出品する労力を考えると時間対効果が非常に低いと言わざるを得ません。

そうであれば、まずはメルカリ1本に集中してじっくりと売上を拡大させていく方が得策です。メルカリでは出品文や出品写真など修正を重ね、改善と最適化を繰り返す事で驚くような売上アップが見込めます。数撃ちゃ当たる戦略では思うような結果には繋がりません。メルカリに特化した販売方法を極めていけば、メルカリ1アカウントだけでも売上を右肩上がりに伸ばす事ができます。1つの販路を大切に育てていくという意識を持ってビジネスに取り組んでみましょう。

## 「メルカリ」と「メルカリShops」の違いは？

メルカリShopsとは2021年に開始した、メルカリ内で「ショップ」が持てるサービスです。ここ最近メルカリ本体も力を入れているようなので、あなたも名前を聞いた事があるかもしれませんね。

毎月10万円を自宅で稼ぎ続けるならメルカリが一番カンタン！

通常のメルカリアカウントとの違いは、メルカリShopsは法人もしくは個人事業主の方がショップアカウントを開設でき、法人名義でメルカリ市場に出店することができる点です。少しハードルの高い販売スキルが必要となるので、はじめてメルカリに参入する場合は気にする必要はありません。メルカリShopsで無く通常の個人用メルカリアカウントでも充分売上を手にする事ができるのでご安心ください。

　また、メルカリShopsはAmazonや楽天、ヤフーショッピングなどECモールに近い販売手法が必要となります。本書で扱うビジネスモデルは個人用メルカリアカウントで通用する手法です。メルカリとメルカリShopsは全くの別物であると理解しておきましょう。

　とはいえ、個人用メルカリアカウントでの販売スキルを身につけたその先にあるものがメルカリShopsであるとも言えます。弊社ではあなたの次のステージのためにメルカリShopsをはじめ、その他ECモールでも戦えるノウハウも用意していますので楽しみにしていてくださいね。まずは本書でしっかりとネット物販の基礎を身につけていきましょう！

# 大間違い！ メルカリで稼げない理由を知ろう

## 稼げない方法① 不用品販売

　フリマアプリといえば不用品販売を真っ先に思いつくでしょう。確かにメルカリの出品、取引に慣れるという目的であれば、まずは不用品を売ってみるのはとても良い方法です。ぜひ部屋の片隅に眠っている商品を出品してみましょう。思わぬ高値で売れる事もありますよ。

　ところが、不用品販売には早い段階で限界が訪れます。それは単純に売るものが無くなるからです。売上を上げ続けるには仕入れという概念が必須です。家中の不用品を売り尽くせば部屋もスッキリして心新たにビジネスに向かう準備も整うでしょう。はじめての売上金も入りました。売上は無駄遣いせず、仕入れ資金として有効活用しましょう。ここからあなたの快進撃がはじまります！

## 稼げない方法② 古本、中古アパレル転売

　中古品の販売も人気の販売手法です。特に古本や中古アパレルは仕入れ代がとても安価なので少資金ではじめられるというメリットがあります。しかし、中古品販売の一番のデメリットは全て一点物の販売である事です。中古品は同じ商品であってもそれぞれ状態が異なります。新品のように綺麗なのか、傷物なのか、まずは状態を確認し1つ1つの商品に対して詳細な商品説明をする必要があります。仕入れれば仕入れる程、検品と出品作業が重なりいくら時間があっても足りなく

なってしまいます。

　参入者も非常に多く、売れるまでに時間がかかったり、未経験者には若干ハードルの高いジャンルでもあります。

　私達が求める販売スタイルは1日最低限の作業のみで素早く売り切る事です。膨大な作業時間を奪われ、売れるスピードも緩やかで参入者も多い中古品販売はその逆を進む事になりかねません。

## 稼げない方法③　中古ブランド品転売

　中古ブランド品転売は高額で取引される事が多く1商品の利益額が高い事がメリットですが、中古品販売である事に変わりありません。古本や中古アパレルのように検品と出品作業に多くの時間を取られる傾向にあります。特にブランド品は商品写真の技術力も求められます。いかに商品状態を正確に伝えられるかが売上を大きく左右します。

　また、仕入れ代も一般的な中古品に比べると高額です。人気商品を見極める目利きが必要になり、間違えて不良在庫になってしまうと資金繰りが一気に悪化します。高値で売るにはリペア技術も必要でしょう。

　ブランド品では本物の商品なのか、真贋確認でトラブルになる事も多いです。知識や仕入れコストを考えると、余程ブランド品に詳しい専門家でない限り参入するべきでは無いジャンルと言えます。

## 稼げない方法④　新品コスメ、サプリメント転売

　韓国コスメやサプリメントは女性からの人気が高く、女性利用者の多いメルカリに適したジャンルです。ただし、人気商品が1つの商品に集中する事が多く流行の移り変わりも非常に速い市場です。全く同

じ商品を多くの出品者が同じように販売するため、最終的には価格だけの勝負となり安い価格設定を余儀なくされます。利益率が極端に低くなってしまうデメリットがあり、流行が過ぎてしまうと赤字覚悟の在庫処分となります。

　また、海外製のコスメやサプリ販売は法律により禁止されています。知らずに販売していると最悪の場合犯罪行為となるケースもあり、個人で販売するにはリスクの高い商品ジャンルなので参入はおすすめしていません。

## 稼げない方法⑤　ハンドメイドなどのオリジナル商品の販売

　ハンドメイド商品は人気作家になればリピーターが付きやすく、利益も大きく取れるジャンルです。当然ながらセンスが必要なので誰もが販売できる商品ではありません。あなたしか作れないオリジナル商品のため市場を独占できますが、作製できる作品数には限りがあるでしょう。売上が頭打ちになりやすく誰もが同じ結果になりにくいため、オリジナル商品の販売は推奨していません。

## 稼げない方法⑥　新品せどり、国内仕入れ販売

　せどりとは一般的な店舗やネットショップでセール等で安く売られている商品を仕入れ、メルカリの相場価格で転売する販売手法です。巷では転売ヤーと言われるジャンルですが、御存知の通り世間からはあまり良い印象はありません。

　私は良い商品を適正価格で提供し感謝されながらビジネスを行う事を一番のモットーとしています。一時的に価格相場が釣り上がり利益が取れたとしても長続きはしませんし、販売者も購入者もなんとも後味の悪い取引になりやすい傾向があります。仕入れも安定しないので

毎月10万円を自宅で稼ぎ続けるならメルカリが一番カンタン！

売上の上下幅が激しくビジネスとしては成り立たちません。

　国内の卸売業者から仕入れを行い、いわゆる通常の小売業として販売するという手もありますが利益率を高めるためには大量仕入れが必須です。小ロットで取引可能な業者も存在しますが、ほぼ利益は取れないと思った方が良いでしょう。

## 稼げない方法⑦　流行商品の販売

　メルカリ販売歴が長いにも関わらず、利益が取れず不良在庫に悩んでいる多くの方が勘違いしている手法が流行品や季節商品の販売です。確かに流行品や季節商品は良く売れる商材ではありますが、よく売れる期間に制約がある点に注意する必要があります。

　例えば、もうすぐ夏だから水着を仕入れよう、ハロウィンだからコスプレグッズを取り扱おう、という考え方は非常に危険です。もし、夏が終わる前に仕入れた水着を売り切る事が出来なければ、コスプレグッズが売れ残ってしまったら、その後1年は不良在庫確定です。
　流行っている商品も同じく、流行中に売り切る必要があります。ライバルも多く、値下げも激しいでしょう。そんな中で在庫が残ってしまったら、季節商品よりも厳しい一生不良在庫という結果になってしまいます。

　流行品や季節商品は不良在庫と赤字リスクが高く、キャッシュフローを圧迫する危険なジャンルである事を知っておきましょう。

## 稼げない方法⑧　無在庫転売

無在庫転売とは手元にない商品を販売し、売れてから仕入れを行う

方法です。売れた分だけ仕入れが発生するので不良在庫や赤字リスクに悩まされる事が無く一時期大流行しましたが、メルカリでは無在庫転売は明確に規約違反として禁止しています。無在庫転売はいざ売れた際に仕入れようと思ったら在庫切れで商品が手に入らなかったり、発送までに時間がかかるケースもあり購入者へ迷惑がかかる手法です。

　トラブルに発展しやすく、最悪の場合メルカリアカウントが停止され今後一切の販売が認められなくなります。メルカリで販売できなくなってしまっては本末転倒です。一気に収入がゼロになってしまいますので、問題外の手法として絶対に手を出さないようにしましょう。

**「中国輸入×メルカリ」ビジネスは良いとこ取りで稼ぐ事ができる！**

| | 仕入れの安定 | 利益率 | 不良在庫リスク | 資金 | 検品 | 出品の手間 | 専門知識 | その他 |
|---|---|---|---|---|---|---|---|---|
| 不用品 | 悪い | 高い | 普通 | 低い | 必要 | 低い | 不要 | 出品商品に限りがある |
| 古本中古アパレル | 悪い | 低い | 高い | 低い | 必要 | 高い | 必要 | 在庫数が増える |
| 中古ブランド品 | 悪い | 高い | 普通 | 高い | 必要 | 高い | 必要 | 目利き力やリペア力が必要 |
| コスメサプリメント | 悪い | 低い | 高い | 普通 | 不要 | 普通 | 必要 | 法律に触れる可能性がある |
| ハンドメイド | 良い | 高い | 低い | 低い | 不要 | 普通 | 必要 | センスが必要 |
| 国内仕入れ | 悪い | 低い | 普通 | 普通 | 不要 | 高い | 不要 | 売上の上下が激しい |
| 流行商品 | 悪い | 低い | 高い | 普通 | 不要 | 普通 | 不要 | 不良在庫と赤字リスクが極めて高い |
| 無在庫転売 | 悪い | 低い | 無し | 普通 | 不要 | 高い | 不要 | トラブルが多発する |
| 中国輸入 | 良い | 高い | 無し | 低い | 不要 | 低い | 不要 | 売上が安定しやすい |

毎月10万円を自宅で稼ぎ続けるならメルカリが一番カンタン！

# 04

# 良いとこ取りで稼ぎ続ける
# ことができる！

## 失敗しようが無く、誰でも同じ結果になるビジネスモデルとは？

では、どうすればあなたは赤字や不良在庫のリスクにおびえる事無く、毎月安定した利益率で稼ぎ続ける事ができるのでしょうか？　その答えは、やってはいけないビジネスモデルの良いとこ取りをするだけです。

つまり、メルカリで季節や流行に関わらず長期間に渡って売れ続けている人気商品を、安定的に安価で仕入れて、同じ商品を何度も繰り返し売り続ける事。これができれば、あなたの作業時間や労力、仕入れコスト、赤字、不良在庫などあらゆるリスクを最小限にしつつ、安定した収益を稼ぎ続ける事ができるのです。

これこそが、私の提唱する失敗しようが無く、誰でも同じ結果になるビジネスモデルのベースとなる考え方です。

事実、私が指導している生徒さん達は売れ残りリスクの高い商品は一切仕入れません。一年を通して安定的に売れ続ける商品だけにターゲットを絞って販売を行います。安定力のある商品を毎日コツコツ何個も売る事で、毎月安定した収入、不良在庫や赤字リスクの低減、商品保管の省スペース化、出品と発送作業の効率化を実現しているのです。

はっきり言ってしまうと、私の提唱するビジネスモデルに従ってビジネスを進めている方は不良在庫や赤字という概念は存在しません。

毎月10万円稼ぐには1日たった10個の商品を販売すれば良いという話をしましたが、実はそのために必要な取り扱い商品数はわずか15〜30種類もあれば充分達成可能です。1ヶ月の発送商品数は300個程になりますが、商品管理はその10分の1で済みます。同じ商品ばかりなので梱包も商品毎に考える必要はありません。

　しかも、商品は全てポスト投函できる物しか取り扱いません。あなたは毎日10個の商品を出勤前や買い物ついでにポストへ入れるだけです。これならできそうだと思いませんか？

## フリマビジネスの究極のイメージは自動販売機

　私達が目指す究極のビジネスモデルは一言でいうと自動販売機です。ショッピングモールや大型スーパー、コンビニでは数百数千という商品が所狭しと並べられ販売されています。例えば今日から突然あなたがスーパーやコンビニの運営をしようとしても、何を仕入れれば良いのかどう陳列すれば良いのか、在庫数や売上の管理は？　想像が付かないのではないでしょうか。

　一方、これから1台の自動販売機を管理する。となれば何となく何をすれば良いのかイメージが掴めませんか？　ジュースの自動販売機は1台で約30個の商品が並んでいます。あなたはこれから毎日、売れ筋商品が売り切れを起こさないように売れた商品を補充しつつ、売れ行きの悪い商品をチェックしながら商品の入れ替えを行っていくだけ。それだけで、自動販売機の中にある約500本のジュースを毎月販売し続ける事ができるのです。

　喉が乾いたお客さん達や、自動販売機を設置する好立地な環境は、メルカリが用意してくれています。自動で販売するわけですから、店番も接客も必要ありません。1台の運用に慣れてきたら2台目、3台目と台数を増やしてく事も可能です。

毎月10万円を自宅で稼ぎ続けるならメルカリが一番カンタン！

自動販売機を管理し、入金されたお金を取りに行く事。これがこれからあなたが行うビジネスの最もわかりやすい例えです。本業が忙しくても、ビジネス経験が無くても、できそうなイメージが膨らみませんか？

・売れ筋商品チェック
・売り切れ確認
・商品の補充
・商品入れ替え
・売上金の回収

# 「中国輸入×メルカリ」ビジネスをはじめよう！

## 「中国輸入×メルカリ」が出来すぎた話を実現させる！

　では、メルカリという市場特性を活かしつつ、ネット物販のメリットだけを良いとこ取りしたビジネスはどうすれば実現できるのでしょうか？　その答えは、私が8年以上に渡り推奨し続け、市場のあらゆる変化を物ともせず多くの実践者に安定した収益をもたらし続けている「中国輸入×メルカリ」ビジネスです。

　「中国輸入×メルカリ」ビジネスとは、言葉の通り中国から商品を仕入れてメルカリで販売する販売法です。中国輸入であれば安価な仕入れ価格で小ロット、低資金から発注する事ができます。商品種類や在庫も豊富なので売る商品が無くて困る事はありませんし、安定した仕入れが可能です。商品は全て新品を取り扱い、人気のある商品を何度も繰り返し販売するので、商品毎の検品は必要無く商品管理も簡単です。もちろん法に触れるような商品はありません。

　「中国輸入×メルカリ」ビジネスは未経験者でも1万円以下の少資金からはじめられ、労力が最もかからず副業でも気軽に実践でき、毎月安定した売上と利益を稼ぎ続けられる。それでも半年、1年後にはサラリーマンの月収並の収入を実現できる理想のビジネスモデルなのです。

# 中国輸入ビジネスにまつわる不安や疑問にお答えします

　中国輸入と聞くと様々な不安や疑問が思い浮かぶでしょう。そこでここでは、未経験者向けのセミナーや勉強会を開催すると必ずと言っていいほど頂く5つの質問とその答えをお伝えします。

## 質問①　中国商品は品質が悪いのでは？

　一昔前は確かに粗悪品が多く、今でも中国商品は品質が悪いというイメージを抱いている方は多いようです。しかし、最近あなたが購入した商品や身の回りに溢れている有名メーカー品を見てみてください。ほとんどの商品がメイドインチャイナではないでしょうか？　余程こだわりが無い限り、あなたが便利に使っている商品や有名メーカーでさえ中国で製造、仕入れを行っています。そして決して品質は悪くないはずです。

　私のビジネスモデルでは、有名メーカーと同じように中国から高品質な商品を仕入れるルートとノウハウが完成しています。日本の卸売業者やメーカーを通さず、中国から直接仕入れるルートを活用する事で、無駄な中間マージンや経費が発生する事無く、安価な仕入れと安定した利益率を確保できるのです。

## 質問②　個人でも中国から仕入れ可能なのですか？

　個人でも中国から簡単に仕入れができる、仕入れ代行業者をご紹介します。日本円での銀行振込やクレジットカード払いにも対応し、もちろん日本語でのやりとりも可能です。ただ仕入れを代行するだけでなく、商品の検品も現地で行ってくれます。万が一仕入れた商品に不良品があれば仕入れを中止したり、日本での販売は法律やルールに触れる可能性のある商品の場合は発注前に確認連絡もしてくれます。使い勝手が良くとても安心して取引できる業界最大手の代行業者です。

　私も古くからお付き合いがあり、今でも実際に取引を続けています。

現地視察も行い、業務内容や対応品質も最高クラスである事を確認しています。その上で、手数料は業界最安値です。本書ではさらにお得に利用できるオファーを用意しています。

## 🌸 質問③　中国語が分からなくても大丈夫ですか？

　中国の仕入れサイトを利用するので表記は全て中国語となりますが、中国語が理解できなくても全く問題ありません。実際に私も中国語は一切話せませんが、ビジネスに支障をきたした事はありません。仕入れの際にチェックする必要のある項目もありますが、数個の単語と位置関係を覚えるだけなので視覚的に理解できるようになってくるでしょう。

　仕入先とのやり取りは全て代行業者が担当してくれます。インターネットに繋がったパソコンとスマホがあれば、日本語だけで仕入れから販売まで全て自宅内で完結してしまうのもこのビジネスの大きなメリットです。

## 🌸 質問④　売れる商品を見極める目利き力がありません

　私のビジネスモデルでは目利き力は一切不要です。なぜなら徹底したデータ分析で売れる根拠となる数字に基づいて仕入れを行うからです。データ分析に関わるノウハウやツールは全て体系的に説明できるよう整理されています。このデータ分析ノウハウを知る事が、不良在庫や赤字という概念を払拭し、売上と利益率を安定させる原動力となります。

　逆にセンスや感覚に頼った仕入れは絶対に行いません。売れそうな気がするという曖昧な判断が不良在庫と赤字を作る原因となります。ネット物販で安定した収入を得るには、売りたい物や好きな物を売るという考え方は厳禁です。売れる根拠となる基準を徹底し、売れる事が分かっている商品のみ販売するので、誰が実践しても同じ結果にな

毎月10万円を自宅で稼ぎ続けるならメルカリが一番カンタン！

るのです。

##  質問⑤　中国と聞くとなんとなく不安

　中国人との取引に漠然と不安を感じている方も少なくありません。様々なイメージがあるかと思いますが、これまで私が取引してきた中で大きなトラブルや問題が起こったことはありません。むしろ中国の方々はとても勤勉で良く働いてくれる印象があります。

　わかりやすい言葉で伝えてあげるという若干の言葉の壁はありますが、日本人同士でやりとりする感覚と全く変わりません。商品が届かなかったり、騙されたという経験も一切ありません。本書で取り上げる業者やサービスは私が責任を持って検証と取引を繰り返した結果、本当に信頼できるものだけを紹介しています。安心して利用してくださいね。

## 気軽に楽しみながら稼いでいきましょう！

　さて、次章からはいよいよ実践編へ入ります。あなたにはた失敗する事無く着実に収入を増やしていける、圧倒的な成功率を誇るネット物販ビジネスモデルを全てお伝えします。

　本書を読み終わった頃には、「中国輸入×メルカリ」ビジネスの全体像を理解し、これなら自分にもできそう！　と感じて頂け、実際に売上と利益を手に入れている事でしょう。

　コツコツ毎日続ければ、必ず成果へ繋がる事をお約束します。まずは気楽に読み進めながら少しずつ手を動かしてみてくださいね。売れる商品はあなたが思う以上に大量に存在します。宝探しのように儲かる商品が見つかった時の快感や、毎日のように売れ続ける刺激的な日々があなたを待っていますよ。楽しいネット物販の世界へようこそ！私があなたの目標達成までご案内します。

# 中国輸入
# ビジネスの
# 基礎知識

# あなたは「ネット物販会社」の社長です

## お金を稼ぐ事だけに集中しよう

　綺麗事を言わずハッキリと申し上げますが、本書の一番の目的はあなたに「お金」を稼いでもらう事です。巷ではやりがいや仕事への満足度などを重視した取り組み方も紹介されますが（もちろん、それが悪い事ではありません。とても素晴らしい考え方だと思います）、どうしても成果へ辿り着くために時間がかかってしまうものです。

　今のあなたはそれよりもできるだけ早くお金が欲しいという状態でしょう。そうであれば今回はやりがいや満足度は一旦置いておいて、お金を稼ぐ事に集中しましょう。

　安心してください。本書でお伝えするノウハウ通りに淡々と作業を進めてもらえれば、どんなビジネスよりも素早く現金を手にできる事をお約束します。雑念や感情は捨てて、お金を稼ぐために必要な知識を身につける事だけに集中して作業を進めていきましょう。

　特に、お金を稼ぐ事において注目してほしいのは「時間」に対する意識です。サラリーマンなどお給料を貰って働いている方は時間の意識が薄い傾向があります。

　例えば、メルカリでは独自の文化として質問コメントや値引き交渉が多い販路です。そのやり取りが楽しいといった側面もありますが、私達はコミュニケーションを取りながら楽しく商売する事が目的ではありません。いくら丁寧にコメント対応しても稼げる金額は変わりま

せん。面倒なコメント対応をする時間よりも、コメントが入りにくい出品ページを作る事に時間をかけた方が結果的に沢山の商品が売れて儲けも大きくなるのです。

あなたが目指す究極のビジネスイメージは自動販売機だという事を忘れてはいけません。自動販売機は接客もおしゃべりも値引きもしませんよね？　どこに時間をかければ効率的にお金を稼げるのかを常に意識しながらビジネスに取り組みましょう。

## 確実に売上と現金を増やしていくには？

未経験や副業で少資金からビジネスをはじめる方が、確実に売上と現金を増やしていくためには、必ず守るべき鉄則がいくつか存在します。その中でもまず、売上金の扱い方で徹底してほしいことがあります。

今後あなたは少しずつ売上金を受け取る事になりますが、売上目標に達するまでは売上金を生活費やビジネス以外の費用に回す事は厳禁です。売上金はビジネスを回すために必要なモノ、特に仕入れ金として再投資していく事が重要です。

例えば、10個仕入れて販売したら1万円になったとしましょう。その1万円を生活費に使ってしまっては、次に仕入れるお金が無くなってしまいます。また同じようにどこかから仕入れ金を工面して10個仕入れたとしても、売上は1万円のままです。これでは一向にお金が増える事はありません。

一方、売れた利益分を仕入れに回せば、今度は15個仕入れる事ができるかもしれません。そうすれば売上は15,000円に増え、さらに再投資すれば売上は右肩上がりに成長するのです。中国輸入ビジネスでは、

中国輸入ビジネスの基礎知識

このように少しずつ仕入れを増やしていけば数ヶ月で売上を倍にする事が可能です。

　当たり前の話のように聞こえますが、ビジネスに慣れていない方の多くが売上に対してどんぶり勘定になっています。売上がいくらで利益はどれくらい残ったのかすら把握していない方も多いのが現状なのです。もしかしたら、あなたも思い当たる節があるかもしれませんね。

　はじめは売上も少ない分、管理も適当になりがちですが、計画的に確実にお金を増やしていくために、定期的な売上と利益の確認は必ず行いましょう。
　そして、売上金は決して生活費に回さず、仕入れに再投資するという事を忘れないでくださいね。

## 売上10万円は誰にでも達成できる！

　本書に沿ってコツコツ作業を進めれば数ヶ月以内に売上10万円、利益で言えば3万円の収入は誰にでも達成できるでしょう。もし、達成できていないのであれば、それは自分に言い訳し行動をしていないだけです。
　なぜそこまではっきり言い切れるのかというと、2022年から2023年にかけての1年間で100人以上の方に対して検証を行い、効果を実証しているからです。検証に参加し、行動して頂いた全ての方が売上10万円以上を達成しています。中には50万円、100万円以上と大きな成果を残した方も多数いらっしゃいます。行動しなければ結果が出る筈はありませんが、あなたのその行動が決して無駄にならないよう、行動が結果に繋がる効果実証済のノウハウを全てお伝えしますので安心してついてきてくださいね。

　実証実験の中で特に大きな成果を残した方々に共通しているのは、学ぶよりも行動を優先していた事です。あなたも本書で得た知識は、すぐに実践してみる事をおすすめします。全て読み終える必要はありません。各章毎に行動プランをまとめてありますので、途中読みでも行動を優先する事を心がけましょう。本書をじっくり読んで頂くのはとてもありがたい事ではありますが、読むだけではお金になりません。

　あなたの目的はお金を稼ぐ事。私の目的はあなたにお金を稼いで頂く事です。そのためにインプットよりもアウトプット（実践）を優先し、素早くお金に変えていきましょう。

## 中国輸入ビジネスで売上を上げる7か条

　ここで、私が今まで中国輸入ビジネスを指導してきた中で辿り着いた集大成とも言える、中国輸入ビジネスで売上を上げるために必要な7つの原則についてご紹介しましょう。

　これはノウハウやテクニックよりも大切な、ベースとなる考え方です。プリントアウトしてよく見える場所に貼り付け、毎日復唱してみましょう。自ずと稼げる脳へ変化し、途中で挫折しない現実的な考え方が身に付いていきますよ。気がつけば稼げる事が当たり前の行動が取れるようになりますので、ぜひ試してみてくださいね。

### ❀ ① 勉強よりも作業を優先

　勉強は分からない時にすれば良いものです。それよりも、ビジネスで売上を上げる秘訣は勉強ではなく行動です。行動し検証と修正を繰り返す事ではじめてお金が稼げる事を忘れないでくださいね。

　あなたの中国輸入ビジネスに使える時間の中で、勉強のウエイトは3割程度と考えておきましょう。残りの7割は行動と実践です！　先程もお話した通り、ビジネスで成功している方はとにかく行動を最優先

した方です。

　重要なのでもう一度お伝えしますが、本書を隅々まで熟読する必要はありません。本書でお伝えする1つ1つのノウハウが分かった！　と思ったら、本は置いておいてすぐに実践へ移りましょう。

　行動してノウハウ通りに出来た！　となった所で、はじめてそのノウハウはあなたの物になります。ノウハウの説明だけを読んで、ふーん、なるほど。また今度やってみよう。と、その時は満足感を得られてもすぐに忘れてしまうだけです。

　分からなくても、なんとなく分かったような気がする。というレベルでも、とりあえずやってみる。これが今後あなたの収入を何十万、何百万円と増やしていく一番の秘訣です。

　分からない事や不安は、作業をしない限り決して消える事はありません。むしろ、作業から逃げていると不安は大きくなっていき、また明日やろう。から、やっぱり止めておこう。という挫折に繋がってしまうのです。

　失敗したらどうしよう。という不安もあるでしょうが、気にせず失敗してください。なぜなら最初のうちは大きな失敗はしないからです。はじめはみなさん慎重ですし大きな失敗につながる作業もありません。逆にビジネスが順調に進み始めてから満を持して初の失敗を経験してしまうと、致命的な大きな失敗となってしまいます。

　だからこそ、あなたは最初に小さな失敗を経験しておくべきなのです。小さな失敗を繰り返し改善する経験を積んでおく事で、将来大きな失敗を避けて通る事ができます。

　失敗は行動してはじめて起こるものです。小さな失敗の積み重ねを早いうちから経験し、成功パターンを身体で覚えていきましょう。

## ❀ ② 100点を目指さず70点を継続

　私の今までの指導経験の中で成功できない人の特徴が分かってきました。意外かもしれませんが、実は完璧主義者はなかなか成功できない傾向にあります。

　その理由は、完璧を求めすぎるとやらない理由探しをはじめてしまうからです。例えば、商品の目利きが苦手だから勉強してからはじめよう。利益が出ないから出品しないでおこう。時間が無いから週末に集中してやろう。などなど。一見もっともらしい事を言っているようですが、全て「今すぐ行動しない理由」を正当化しようとしているだけです。そういった方はいつまで経っても満足する完璧には辿り着け無いので、どこまでも行動の先延ばしを繰り返し何の結果も残せず挫折してしまうのです。

　あなたも、完璧を求めるあまり稼ぐ行動とは真逆の方向へ向かっていないか？　再確認してみてくださいね。

　良い点数を取り続ける事も難しいものです。毎回100点を目指し続けるとすぐに挫折してしまいます。良い点数を取るには沢山勉強しないといけません。すると、行動する前の勉強の途中で疲れてしまうのです。勉強すればするほど知識と共に不安も増える事になります。その結果、行動へのブレーキがかかってしまうという、さらに悪いパターンへ陥ってしまいます。

　あなたの目的は完璧な知識を身に付けてテストで100点を取る事ではありません。お金を稼ぐという目的を達成するには、行動を継続する事。それだけが成功の秘訣なのです。100点を追い求めるよりも70点を継続し続ける方が遥かに楽で、それでいて充分に儲かります。時には50点でも60点でも構いません。それよりも、とりあえずやってみよう。やってから考えよう。と、作業を優先した人が利益を手にするのです。

中国輸入ビジネスの基礎知識

①勉強よりも作業を優先する。と重なる部分もありますが、それほど大切な考え方です。

あなたの大切な時間を無駄にしないよう、常に肝に銘じておきましょう。

### ✿ ③ 何よりも出品作業が最優先

これから中国輸入ビジネスの具体的なノウハウをお教えする中で、売上を上げるために様々な作業を行って頂く事になります。

リサーチ、発注、仕入れ、商品ページ作成、商品画像作成、出品、発送、売上管理、在庫管理などなど、どれも大切な作業ですが、その中でも一番あなたの売上に直結する最優先するべき作業は何でしょうか？　それは「出品」である。という事をここではまずはじめに覚えておきましょう。

いくら儲かる商品を見つけられたとしても、商品ページや商品画像を綺麗に仕上げたとしても、出品しなければあなたの商品が売れる事はありません。

当然ですが、出品しなければあなたはお金（売上や利益）を得る事はできないのです。出品を後回しにすればする程、あなたの全ての作業が無駄になってしまいます。

わかっているけれど自信が無いから、まだ出品ページが完成していないから。と出品を躊躇してしまう方が多いのですが、早く結果を出したい、お金を手に入れたいと思っているのであれば出品（売ること）に集中する事を強くおすすめします。

まずは出品する。その後、修正する。この順番があなたに最も早く売上をもたらす秘訣です。あらゆる知識やスキルは出品をしなければ机上の空論で終わります。出品を後回しにしている間に他出品者との販売競争が生まれ、利益がどんどん下がっていってしまう事例も沢山

あります。

　日々作業をこなしていると、自分が得意な方や楽な方へ傾いて行き、作業をしているという満足感だけで仕事をした気分になってしまいがちです。気がつけば毎日作業を頑張っているのに売上が全然上がっていない、という悲しい現実を目の当たりにするかもしれません。

　売上に直結する最重要な作業は出品です。何のためのビジネスなのか？　を忘れないよう、何よりも出品を最優先で進めていきましょう。

### ❀ ④ 迷惑行為は絶対にやらない

　メルカリだけでは無く大手ネット通販サイトやアプリでは、スパム出品と言われるシステムの裏を突いたり、無理やり大量に出品したりという迷惑行為を行う出品者が一定数存在します。

　私はスパム出品は一切推奨していません。なぜなら、人に迷惑を掛ける人はすぐ退場になるからです。裏技的な行為はその瞬間は大きく稼げるかもしれません。ただし、すぐに対策されて稼げなくなってしまうものです。

　そもそも、人に迷惑を掛けてお金を儲けるという行為はビジネスでも何でもありません。迷惑行為を行ってお金持ちになったという人はどのビジネス業界にも存在しませんよね？

　何より、スパム行為はアカウント停止という最悪の事態を引き起こす可能性が非常に高くなります。特にメルカリでは無期限アカウント停止という重い措置が待っているでしょう。無期限アカウント停止になると言葉通り、もう二度とメルカリで商品の販売をする事ができなくなってしまいます。

　私は、長期間に渡って安定して稼ぎ続けられるビジネスを実践する事が重要だと考えています。一時的にちょっとした小金を稼いで、すぐに稼げなくなり不安定の中、次の裏技を探し求めるよりも、購入者

から感謝されながら長く安定した収益を得られる真っ当なビジネスを選択する事をおすすめします。

### ⑤ 値下げは躊躇しない

メルカリで販売を開始すると、思ったように商品が売れていかない事もあるでしょう。そういった際はまずは売れない原因を特定し、商品ページの修正を行います。多くの場合、修正を行えば売れ行きは回復しますが、どうしても値下げをするタイミングが訪れる事は予め想定しておきましょう。

ところが、いざ値下げのタイミングになると、分かっていたにも関わらず、なかなか値下げに踏み切れない方がたくさんいます。値下げは売上に直結するとても重要な行動です。値下げの躊躇はあなたの大切な時間を奪ってしまっているかもしれません。

あなたの1分はいくらか計算した事はありますか？　例えば、あなたの時給が1,200円だったとします。これを60分で割れば、あなたの1分は20円だという事になります。

中国輸入ビジネスを始めればこの時給は2倍、3倍と増えていくでしょう。するとあなたの1分も40円、60円と価値が上がるのです。

その中で、多くの方は10円の値下げに1分以上も悩んでしまいます。1分悩めば少なくともあなたの損失は20円です。

さっさと10円値下げして売上を立てるのか、悩んで売れないまま20円の損失を続けるのか、と考えてみると値下げを躊躇する事はいかに時間とお金の無駄になるかが理解できるでしょう。効率よく収益を上げるためには、自分の時給を高めていく事も大切な考え方です。

### ⑥ 売れない時は「ライバルチェック」

ライバルチェックとは、あなたが出品している商品と同じ商品を取

り扱っている他出品者の状況を確認する作業を指します。人気商品のはずなのに、なかなか売れないと悩んでいる方の多くはこのライバルチェックを怠っている場合がほとんどです。

　ライバルチェックは毎日行う非常に重要な作業の一つであり、売上アップには不可欠なのです。

　ライバルチェックは自分ではなく、自分の周りを観察する事が大切です。あなたよりも売上が高い人、よく売れている人は、なぜ売れているのだろう？　と自分との違いを見極めて修正を繰り返す事を全てまとめてライバルチェックと呼びます。

　ライバルチェックは他出品者の販売価格だけ意識するのでは無く、価格意外の変化にも敏感に反応する必要があります。商品タイトルに含まれるキーワードは？　商品画像は？　商品説明文や発送方法は？　様々な変化に注目してみましょう。

　売れている人と自分を比較し、間違い探しをすれば必ず売上アップの答えは見つかります。また、失敗にならない撤退時期についても明確に判断する事ができるようになります。ここで言う失敗とは、不良在庫や赤字を発生させてしまう事です。不良在庫や赤字に苦しんでいる方の話を聞いてみると、ライバルチェックを毎日行っていない方ばかりです。

　ライバルチェックは売上アップの攻めと、失敗を防ぐ守りを同時に行える効果的な作業です。詳しくは次章以降で解説しますので、まずはライバルチェックは毎日行うものなのだ。という事を覚えておきましょう。

### ❀ ⑦ 自分がどう思われるか？　など気にしない

　あなたは自分に自信はありますか？　多くの方は会社でこう言われ

中国輸入ビジネスの基礎知識

たから、家族からこんな風に思われているから、と自分自身の評価を他人に任せて、自信を失ってしまっている傾向にあります。

もし、あなたがこれからビジネスで成功したいという気持ちがあるのであれば、自分を軸にして考える事をおすすめします。他人に何を言われようが、どう思われようが関係ありません。

あなたはご自身でビジネスを立ち上げ、一国一城の主となる人間です。いちいち他人の言葉を気にしていては軸がブレブレになりメンタルがボロボロになってしまいます。ビジネスも潰れてしまうでしょう。

自分に対する評価は自分で行いましょう。他人の評価を基準にすると臆病になってしまいます。不安が不安を招いて行動できなくなり、結局良い結果を残せず、周りの評価がさらに下がり、、と負の循環を引き起こすだけです。他人の言いなりになりながら、ビジネスを成功させた人を私は知りません。

ただし、これは裏を返せばもう言い訳はできないという事です。成功しようが失敗しようが、それは全てあなたの責任です。ビジネスに副業や本業は関係ありません。お金をお客様から頂くという事は、どんなスタイルであれ立派なビジネスである事を忘れないでください。

たとえ副業であっても、それはビジネスであり責任のある仕事です。あなたは、本業のお仕事で今日は眠いから、やる気が起きないから、疲れているからと言って仕事を休む事はありますか？　仕事中にビールを飲んでしまう事はありますか？　ありませんよね。仕事なのだから、余程の事が無い限り出社するでしょうし、仕事中にお酒を飲むなんてもってのほかのはずです。

中国輸入ビジネスも全く同じです。本業と同じく仕事に取り組む姿勢をもって一生懸命作業をすれば必ず良い結果になるでしょう。

## 中国輸入ビジネスで売上を上げる7か条

①勉強よりも作業を優先

②100点を目指さず70点を継続

③何よりも出品作業が最優先

④迷惑行為は絶対にやらない

⑤値下げは躊躇しない

⑥売れない時は「ライバルチェック」

⑦自分がどう思われるか？　など気にしない

# 中国輸入ビジネス×フリマアプリで稼ぎ続ける8つのサイクル

## 中国輸入ビジネスの失敗確率が極めて低い理由

　まずは私が推奨する中国輸入の取り組み方について再確認しましょう。一番のポイントは、売れないものは仕入れない、売りたいものは売らないという鉄則を忘れない事です。

　私としては当たり前の事をお話しているつもりですが、巷のビジネススクールではそうでは無いようです。「売れなくてもとりあえず、いっぱいやってみましょう」とか、「自分の好きなものを売ってください」といった売れるか売れないかは神のみぞ知るような話をされているようです。

　確かに沢山出品すれば少しは売上が上がるでしょう。売上が上がっているから儲かっている気分になれるかもしれません。でも、それは本当に利益が出ているのでしょうか？　こういったスクールで酷い目に合い、私の元へ助けを求めに来た生徒さん達の話を聞く限り、残念ながら利益は出ていません。それどころか、仕入れをクレジットカードで行い、ただただクレジットカード枠を現金化しているだけのような自転車操業に陥っている方も多くいらっしゃいました。

　私は仕入れにクレジットカードを使う事は全く推奨していません。気がつけば支払いに追われ、現金が足りなくなり、リボ払いやキャッシングを使ってしまい、多額の借金だけが残る。という悲惨な結果が待っているだけです。特に未経験の方や、仕入れに必要な現金が無い方が仕入れを借金で行うほど危険な行為はありません。

　「クレジットカードで仕入れれば元手は必要ありませんよ」とか「好

きなものをいっぱい売れば儲かりますよ！」といった類の手法は売れる根拠も何も無く、ビジネスですら無いただの趣味の世界だと私は思っています。もし、そんな甘い囁きに触れる機会があれば、今すぐ距離を取る事を強くおすすめします。

　では、逆にあなたの失敗確率が極めて低くなる、売れるものとは何なのでしょうか？　それは、一年中売れ続けている人気商品です。

　例えば、ある一定の季節しか売れないような季節商品は一歩販売が遅れただけで、もう遅い。とされる世界です。まだ商品知識の浅い初心者が「これからの季節に売れそうな商品を探そう！」と動き始めても、すでに手遅れです。季節が終わるまでに販売し切れず、不良在庫になるだけでしょう。季節商品や一時的な流行品はその世界を知り尽くしたプロでなければ通用しないジャンルなのです。

　早く売り切らないと不良在庫・赤字になってしまう、売上がストップして利益がゼロになってしまう。と日々焦りを感じながら続けるビジネスと、どのタイミングで販売しても売れる商品だけを取り扱って、安定した売上を確保し続けられるビジネス。あなたならどちらを選びますか？　答えは明白でしょう。

　このように、売りたい商品では無く、一年中売れ続けるものにフォーカスするだけで、あなたは失敗する確率を限りなくゼロへ近づける事ができます。そして、そんな都合の良い商品を豊富に取り扱えるのが中国輸入ビジネスの最大のメリットでもあるのです。

## 「高く売らない」中国輸入ビジネスにおける儲けの勘違い

　中国輸入ビジネスで失敗してしまう人の特徴の1つに、高く売ろうとしてしまうという間違いがあります。ビジネス全般で言える事だと

は思いますが、その商品が持つ価値よりも高い値付けでは、余程のセンスやマーケティング力がなければ売る事はできないでしょう。特に私達が取り扱う中国輸入商品では、商品そのものの価値を上げる施策は難しい傾向にあります。

では、安売りすれば良いのかというとそういう意味ではありません。安売りは値下げ競争を生み、セラー全体に取っても良い結果をもたらしません。

中国輸入商品は、適正価格で売るという認識を持って取り組みましょう。適正価格とはその時々の商品価格相場や市場状況によって左右されます。本書では最適な適正価格の決定方法についても詳しく解説しますのでご安心ください。

中国輸入ビジネスでは高く売ろうとせず、適正価格で売れば必ず売れる。そして利益もしっかり取れる。という事を覚えておいてください。

ところで、メルカリでは多くの中国輸入ビジネスセラーが参入しているのも事実です。あなたと同じ商品を販売しているセラーも沢山現れる事でしょう。

先程、中国輸入商品では商品自体に手を加える事は難しいというお話をしましたが、同じような商品が多く販売されている中でどのようにして購入者にあなたの商品を選んで貰えば良いのでしょうか？

購入者にあなたの商品を選んで貰う事を差別化と呼びます。メルカリ×中国輸入ビジネスにおける差別化は、商品ページにちょっとしたひと手間を加えるだけで充分な効果を発揮します。適切なひと手間を加えれば、たとえ他セラーよりも高い値段設定だったとしても（適正価格は守ってくださいね）同じ商品が沢山並んでいたとしても、あな

たの商品だけが選ばれ毎日のように売れ続ける状態を作り出す事ができますよ。

## 中国輸入ビジネス×フリマアプリの稼ぎ方①

### ✿ フリマアプリで月商30万円の人の場合

　私の提唱する中国輸入ビジネスでは、販売する販路1つにつき1日1万円の売上を上げる事を目標に掲げています。月商30万円であればメルカリのアカウントが1つあれば達成可能です。取り扱い商品数は10〜20種類あれば充分です。毎日の発送数は10〜15個程度となります。月間で300〜450個の商品が売れているという計算になりますね。

　各商品1つにつき15〜30個ほど繰り返し売る事になるので、梱包や発送準備も思った以上に簡単です。単価1,000円前後の小物商品が中心なので全てポスト投函OKです。毎月のあなたの収入は10万円前後となります。

　出社や買い物ついでに発送できるので、サラリーマンや主婦の方に最適なビジネス規模と言えるでしょう。また、これくらいの規模が副業で1人で全てこなせる限界となるでしょう。もちろん副業でもさらに売上を高める事は可能ですが、ここからは効率化や外注化を進めるタイミングとなります。

## 中国輸入ビジネス×フリマアプリの稼ぎ方②

### ✿ フリマアプリで月商100万円の人の場合

　月商100万円前後の方は、販路であるメルカリを2アカウント運用している場合が多いです。さらに、メルカリに加えてヤフオクを1アカウント運用するスタイルが最も月商100万円に近づける理想像となり

ます。場合によってはメルカリ1アカウント、ヤフオク2アカウントで運用するスタイルでも問題ありません。

　1日1万円強を売上げるアカウントを合計3つ運用して、合計で月商100万円を達成するという考え方です。

　取り扱い商品数は25〜40種類、毎日の発送数は25〜50個程度が平均的です。あなたの月収は30万円前後となるでしょう。発送作業については1人ではこなせない量感となるので、外注化やスタッフ雇用のノウハウが必要になります。

　ただし、売上100万円を達成したいからと、今すぐ3つの販路を同時に展開するのは大間違いです。

　まずは1つの販路をしっかりと育て上げ、1日1万円の売上を達成したのちに2店舗目、そして2つ目が育ったタイミングで3店舗目へ。と1店舗ずつ着実に売上を上げながらステップアップしていきましょう。

---

### 中国輸入ビジネス×フリマアプリの稼ぎ方

- メルカリ1アカウントにつき25〜40万円の売上
- 平均単価は800〜1,300円
- 通年を通して売れる商品を主軸展開
- 1アイテムを何度も売る事に注力する
- まずは1アカウントの売上を伸ばす事に集中する
- 儲かってきたら複数店舗展開と外注化を行う

---

## 中国輸入ビジネス×フリマアプリで稼ぐ8つのサイクル

　それでは、これからあなたに実践して頂く中国輸入ビジネス×フリ

マアプリで稼ぎ続けるための8つのサイクルを順番に見ていきましょう。この8のステップを繰り返し行う事で自ずと売上は成長していくでしょう。

先に申し上げておくと、重要なステップは②商品リサーチと④出品、⑦管理となります。特に④出品に関しては、7か条でも何よりも優先して行う作業である事をお話しましたね。

今自分はどのステップを行っているのか、次に行うステップは何なのかを常に意識しながら効率的なビジネスを進めていきましょう。

### ① 知識：物販の基本を身に付ける

まずはネット物販の基本知識を身に付ける所からはじまります。この部分は、本書を読んで頂ければ間違いのないネット物販の基礎を知る事ができますので、あまり心配する必要はありません。ネット物販において何もかも未経験の場合は、とりあえずメルカリとヤフオクで何か買ってみる所からはじめる事をおすすめします。

購入者として利用する事で、今後あなたがお客様に対してどんな対応をし、何を提供していくのかが明確になるでしょう。取引メッセージのタイミングや内容、発送方法や商品到着時の状態など注意深くチェックしながら購入の流れを確認してみてくださいね。

### ② 商品リサーチ：儲かる商品を調査

商品リサーチとは、あなたが取り扱う商品を選定する大切な作業です。商品選択を間違えてしまうとせっかく仕入れたにも関わらず、全く売上が上がらなくなってしまいます。

とはいえ、商品リサーチには客観的に判断できる明確な基準や数値があります。本書で紹介するデータ分析法をもとにリサーチを行えば、売れない商品を仕入れてしまうという失敗はありませんので安心して

ください。

　ただし、商品リサーチは実践しないとリサーチ技術は身に付きません。データ分析法をいくら理解しても自分で手を動かさない限り、リサーチは上達しませんし、儲かる商品を見つける事ができませんので必ず実践しながらデータ分析を学んでいきましょう。

### ✿ ③ 仕入れ：中国輸入で格安仕入れ

　取り扱い商品が決まったら中国から仕入れを行います。今、どこでどうやって仕入れれば良いのか分からなくても大丈夫です。商品リサーチは中国の仕入れサイトで行いますが、仕入れサイトのアクセス方法やサイトの見方、操作方法まで本書で詳しく紹介します。

　仕入れサイトはインターネットから誰でも無料で見る事ができます。ご自宅からでも簡単にリサーチできますので、本業が終わった後の夜の時間帯や、ちょっとした空き時間も有効活用して作業を進めていきましょう。

　仕入れについても私自身も古くから取引している業界最大手の中国輸入代行業者さんをご紹介します。発注から商品到着まで全て日本語で、ご自宅で完結する事ができますよ。

　私は疑い深い人間なので、仕入元の問屋や仕入れサイトの親会社、代行業者さんに至るまで全て中国現地へ視察に赴き問題無いことを確認済です。あなたには信頼できるサイトや業者のみをご紹介しますので安心してご利用くださいね。

### ✿ ④ 出品：売れる商品ページ作り

　そして、いよいよ最も重要な出品作業へ入ります。出品とは、あなたが仕入れた商品をメルカリに登録し、お客様に買って貰える状態にする事を指します。

　どうすればあなたの商品をお客様が選んでくれるのか、を意識しながら商品タイトルや商品説明文、商品画像を作り上げていきます。

　例えば、あなたが何か欲しい商品がある場合、ショッピングサイトの検索窓にキーワードと言われる、欲しい商品に行き着くためのヒントになるような一文を入力して検索すると思います。そのキーワードを何に設定すれば良いのか、販売価格は適正価格に設定されているか、商品のメリットが伝わる説明文になっているか、魅力的な商品画像を用意できているか、などなど全てが重要な項目になります。ひとつずつ確実に学びを進めていきましょう。

### ❀ ⑤ 取引：購入者目線で親切丁寧な取引

　商品が売れたら購入者へ連絡を行います。取引連絡は購入者目線での親切丁寧な取引を心がけましょう。メルカリではお店の評価システムが用意されていて、商品に不備があったり取引内容に問題があると悪い評価が付いてしまいます。ネット物販では商品購入の選定時にお店や商品の評価を重要視する傾向があります。悪い評価が続くと今後の売上を左右するマイナス要因となる場合があるので注意しておきましょう。

　ただし、極端に丁寧な対応をする必要はありません。あくまで私達が目指すビジネスモデルは自動販売機型です。トラブルや販売者側に非がある場合は誠意のある対応をするべきですが、通常はお客様に不快な思いをさせない程度の必要最低限の取引を行う事も重要です。

### ❀ ⑥ 発送：効率良く素早く発送処理

　発送のポイントは在庫を適切に保管し、すぐに発送できる体制を整えておく事です。副業でネット物販を実践している方の多くはこの部分が曖昧になってしまうようです。商品が売れたら梱包して発送準備を行っているケースを良く見ますが、それでは効率的な発送はできま

せん。場合によっては売れてから在庫切れに気が付き、購入者へ謝罪するという最悪のケースも見受けられます。

　せっかくの販売機会をこちらの管理ミスで台無しにしないよう、商品が届いたらすぐに梱包し徹底した在庫管理を行っていきましょう。

　また、発送に力を入れすぎている方も多いようです。売れたら即日発送する事は個人的な満足感は得られますが、発送作業ばかりが毎日の業務になってしまい、もっと大切な出品作業がおろそかになりがちです。出品しなければ売れるものも売れません。安定した売上を得るためにも発送作業は時間を決めて効率良く行いましょう。予め発送日時を連絡しておけば、即日発送しなくてもお客様からの印象は悪くなりませんよ。

## 🌸 ⑦ 管理：売上、在庫、外注の管理

　⑥発送と重なる部分もありますが、商品管理に加えて売上の管理もとても重要な業務です。売上はいくら上がっていて、利益はどれくらいあるのか？　少なくとも月に1回は棚卸しするようにしましょう。

　ネット物販では、売上が上がっているから儲かっていると勘違いしてしまいがちです。実は経費がかかりすぎていて利益が全く取れていないのに、それを知らずに放っておいてしまうといつまで経ってもあなたの生活は楽にならないでしょう。そればかりか毎月の経費や仕入れ代金の支払いができず自転車操業を繰り返したり、借金を負ってしまうかもしれません。お金を儲けるためにビジネスをはじめたのに、借金を作ってしまうのは本末転倒です。

　また、在庫と売上管理を行っていれば、売れ筋商品やそうでない商品を正確に知る事ができます。売れ筋商品がいつ在庫切れになるのかを逆算して、追加発注をするタイミングや何個補充すれば良いかもデータをもとに適切な判断ができるようになります。売れない商品は素

早く撤退し、不良在庫や赤字を防ぐ事も可能になります。

　外注管理とは、あなたの日々の業務を効率化するために必要な作業です。外注と聞くと人に任せたり、雇う事を想像するかもしれませんが、それだけでは無くあなたの代わりに働いてくれるツールや管理ソフトウェアも外注に含まれます。今はあまり気にする必要はありませんが、売上が上がってきたタイミングで最適なツールも紹介しますので楽しみにしていてください。

### 🌸 ⑧ 改善：データ分析から修正を実施

　私が推奨するビジネスモデルでは人の感覚やカン、感想と言ったものは全て排除し、数値化したデータだけをもとにビジネスを運営する事を徹底しています。

　失敗をしないで、成功する確率を限りなく高めていくにはデータ分析に則って次の行動を決めていく以外の方法はありません。

　本書では商品選定から仕入れ、出品、発送、管理に至るまで全て数値化したデータで管理を行う方法を公開します。データ分析から改善を行い、8つのサイクルを繰り返し回していく事であなたの売上は自然に伸びていくでしょう。

　失敗しないためにはデータ分析あるのみです。私情を挟まず、売れる商品のみをコツコツと繰り返し売る事で、成功確率はグンと上がります。少ない商品で1アイテムの売上を伸ばす事に注力するという基本を決して忘れないでくださいね。

中国輸入ビジネスの基礎知識

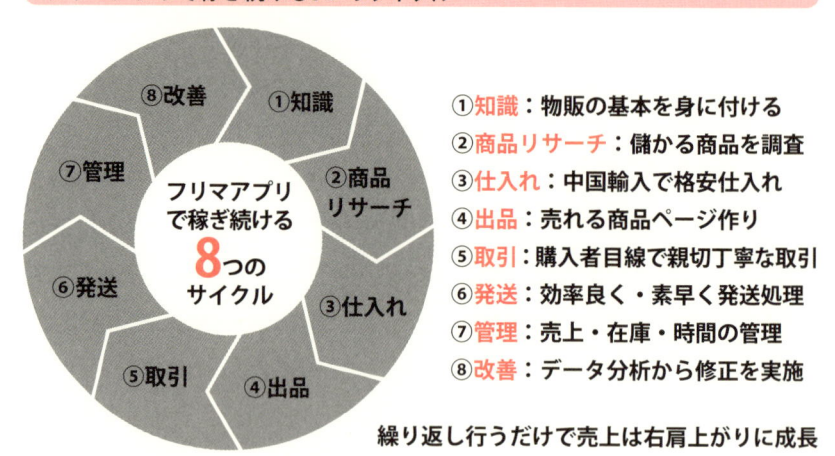

① 知識：物販の基本を身に付ける
② 商品リサーチ：儲かる商品を調査
③ 仕入れ：中国輸入で格安仕入れ
④ 出品：売れる商品ページ作り
⑤ 取引：購入者目線で親切丁寧な取引
⑥ 発送：効率良く・素早く発送処理
⑦ 管理：売上・在庫・時間の管理
⑧ 改善：データ分析から修正を実施

繰り返し行うだけで売上は右肩上がりに成長

# 03 SECTION
# 中国輸入ビジネスの仕組みと私達の稼ぎ方

## このビジネスをおすすめする理由

　すでに何度もお伝えしていますが、私達が実践するビジネスモデルは同じ商品を何度も繰り返し売り続ける自動販売機スタイルです。一言で中国輸入ビジネスと言っても、非常に多くのスタイルが存在します。実践スタイルの選択ミスが多くの人の失敗の原因となっています。

　失敗の原因として多いスタイルとして代表的なものは、資金に余裕が無いのに中国でオリジナル商品を開発し、いきなり大量注文してしまう例です。難しい手法のように感じますが、これはOEM販売と呼ばれ実は一昔前に副業としても大流行したビジネススタイルです。
　確かに当たれば独占的に販売できるのですが、商品を育てるまでに期間がかかったり、多額の広告費を投入する必要があり、常に資金繰りとの戦いを強いられるスタイルです。資金が尽きてしまったり、売上が上がっても先行投資や広告費が嵩み儲かっているか儲かっていないのかわからないまま撤退、という例を多く見てきました。
　忙しい作業だけをこなしながら、売上が上がらない長い期間を過ごすのは精神的にも辛いでしょう。1つの商品に資金をかけすぎるのは資金量の少ない副業の方にはおすすめできません。

　データ分析を徹底し、売れるとわかってる既成商品を少数精鋭で取り扱い、少ない資金から少しずつ確実に売上を上げていく自動販売機ビジネスこそあなたに最適なスタイルであり、私が最もおすすめする

55

理由でもあるのです。

また、何をすると失敗するのか分からないまま自己流で突き進むのも大怪我の原因となります。

そういった方はいわゆる一攫千金スタイルや、楽をして稼ぐ事が大好きな傾向にあります。販路のシステムバグや網の目をくぐるような裏技、一時的なテクニックに翻弄され、一時は稼げるけれどすぐに対策され稼げなくなる。という一向に安定しないビジネスを繰り返します。

そこには、継続してコツコツ稼いでいくという考え方がありません。ビジネスとは地に足を付けてコツコツ積み上げていくものだと私は思っています。私の実体験でもありますが、楽して稼ぐ方法が長続きした試しはありません。あなたが実践しているビジネスは、自信を持って家族や友人に伝えられるモノなのか？　自分の子供や孫に誇りを持って伝えられる仕事なのか？　そんなビジネスを選択して長く稼ぎ続けていきましょう。

## まずは簡単な事からはじめよう！

仕事やビジネスという言葉が続いていますが、あまり堅苦しく考える必要はありません。

まずは簡単な事から少しずつはじめていけば、成果が右肩上がりに成長するのも、コツコツ積み上げていくビジネススタイルのメリットです。

まずは大前提として何度もお話している通り、1年中売れる商品だけを取り扱う事だけは忘れないようにしましょう。1年中売れる商品とは何なのか？　も具体的に解説しますので安心してください。

大量の在庫は抱える必要はありません。人気商品を数点選んで1ヶ

月に売り切れる個数だけ注文します。出費も多くなりませんし、商品保管スペースも少なくて済みます。なにより、1ヶ月で売り切ってしまうという事は出費は1ヶ月後には戻ってくるという事です。健全に現金が周り続けるので資金繰りに苦労したり、支払いができないといった心配をする必要が無くなります。安心感を持ってビジネスを続けられるのはとても大きなメリットとなるでしょう。

　そして、少しずつコツコツを継続していきましょう。無理なく続けていく事で自分の時給も少しずつ高くなっていきます。
　目指すは1日2時間作業で時給5,000円です。つまり、1日の売上を1万円、1日の発送個数を5個前後がこの数ヶ月のあなたの目標です。
　一気に目指すのでは無く、1日3個程度の発送からで問題ありません。はじめは3個の販売も大変かもしれませんが、慣れて来れば自然と効率化も進み5個、10個と難なくこなしていく事ができるようになりますよ。
　これは私の生徒さん達が身を持って実証してくれています。気を楽にして付いてきてくださいね。

## 目標達成に必要な事は？

　先程、あなたの目標はまずは1日1万円の売上を達成する事だとお伝えしましたが、多くの方がもっと大きな目標を掲げている例をよく見かけます。「月商100万円を目指します！」というのが最も多い目標設定ですが、これは巷にあふれる情報で根拠も無いまま誰も彼もが月商100万円と合言葉のように言っている事が原因でしょう。

　その影響でなんとなく、月商100万円が目指すべき目標でゴールなのだと勘違いしてしまうのですが、あなたはどうすれば月商100万円を達成できるかイメージできますか？　また、なぜ月商100万円が必

中国輸入ビジネスの基礎知識

要なのか明確に理由を説明できるでしょうか？　ほとんどの方が大した理由も無く盲目的に目標設定しているのだと感じます。残念ながらその目標は余程のことが無い限り達成できないでしょう。

　目標達成に必要なのは、イメージできない高い目標は立てない事です。イメージできない事は現実には起こりません。ゴールまでの道筋が見えていないので達成は不可能なのです。

　まずは自分が「できる！」と思える事を目標にする事が大切です。遠い目標より、今の売上を2倍にする、1日5個の販売を1週間続ける、など目先の目標を一つ一つ達成した先に大きな目標達成がある事を覚えておきましょう。

　自分が今どの立ち位置なのか、自分の実力を把握して適切な目標を立て続けましょう。目標は一度立てたら終わりではありません。身近な目標を達成したら、またさらに少しだけ先のイメージしやすい目標設定を繰り返していきます。すると数ヶ月、数年後には月商100万円以上の目標が達成できていますよ。

## 最初に達成するべき数値とは

　何もかもはじめての中国輸入ビジネス×メルカリでは身近な目標と言われてもピンと来るものが無いかもしれません。そこで、モデルケースとして私が未経験者におすすめする最初に達成するべき数値をご紹介します。

　まず目指して欲しい数値は、メルカリ1アカウントで月商20〜30万円です。詳しくイメージしていきましょう。本書のビジネスモデルでは単価800円〜2,000円の商品を取り扱いますので平均単価は約1,500円前後となります。一年中よく売れる通年商品を主軸に展開しながら、時にはトレンドアイテムを短期間で高回転させて販売を行います。

　ただし、ハロウィンやクリスマスなどイベント商品は避けましょう。夏に売れるもの、冬に売れるものなど少なくとも3ヶ月間は安定して売れ続けるものをトレンドアイテムとして考えてください。

　そして、はじめは取り扱いアイテムは数点に絞り込み、1アイテムの売上を伸ばす事に注力します。売れ行きが安定してきたら、次の商品にターゲットを切り替えます。コツコツ続けていけば、商品数が二桁に差し掛かる頃にはあっさり月商30万円を達成しているでしょう。必要な販売個数は毎日5個前後です。少しずつ商品を販売しながら売れる方法を身に付けていき、1ヶ月に2個ずつ商品を増やしていけば半年後には達成できる目標設定です。

　いかがですか？　あなたにもできそうだというイメージと目標設定が結びついたのではないでしょうか。

## 中国輸入ビジネス×メルカリで重要な3つのポイント

　中国輸入ビジネス×メルカリで稼ぐために必要なポイントはお客様の行動を理解する事で見えてきます。

　商品購入までの行動パターンを想像してみましょう。お客様がメルカリを開いてまず行う行動は殆どの場合、欲しい商品のキーワード検索からはじまります。キーワード検索結果に表示された商品を上から順番に確認しながら、気になる商品を見つけ商品詳細ページへ移動し、比較検討を重ねながら最終的に購入判断を行います。

　この流れを理解していないと、あなたの商品はただ出品されているだけで売れていくことは無いでしょう。

　つまり、お客様があなたの商品を見つけるためにどんなキーワードで検索するのか？　どうすれば商品詳細ページへアクセスしてもらえるのか？　を考えながら出品を進めないとあなたの商品がどれだけ優

中国輸入ビジネスの基礎知識

れていようとお客様は辿り着く事ができず、当然売上は上がらないのです。

　例えば、商品タイトルでよく見かける間違いに、「送料無料」や「即日発送」など商品には直接関係の無いキーワードを沢山入れ込んでしまうという事例があります。これらのキーワードは購入者目線で考えると、決して検索しない単語ばかりです。

　タイトルには文字数制限があります。限られた文字数の中にどれだけ購入者が検索する生のキーワードを盛り込み、商品の特徴やメリットを伝えられるか？　を考えながら商品タイトルを作り上げていく形が正しい手法です。

　ビジネスは結局（特に中国輸入ビジネス×メルカリでは）、人の目に付けばそれだけで売れるようになります。人目に触れなければいくら人気商品であっても売れる事は無いのです。

　あなたの商品をより人の目に付くようにする事、それを私達は上位表示と呼んでいます。この上位表示の仕組みを理解し、コントロールする事であなたの売上は最大限に高められるようになります。

　購入者の行動を理解して、どうやったらあなたの商品に辿り着いて購入してくれるのかを徹底的に考えて、ページに埋め込んでいき上位表示させる対策を行う事が私達が行うべき最も重要な仕事です。

　中国輸入ビジネスをはじめたばかりの方は、売れる商品を見つけるためのリサーチに注力しがちですが、実はリサーチは正しいやり方を覚えてしまえば誰でも簡単に儲かる商品は見つけられるようになります。それよりも商品ページを最適化する事こそ、あなたの売上に直結する大切な作業である事を覚えておきましょう。

# 三章

メルカリの
基本操作

# メルカリアカウントの取得から基本操作まで

## メルカリの会員登録をする

　メルカリはスマホの他にもパソコンやタブレットでも利用可能ですが、会員登録はスマホが最もスムーズでオススメです。本項でもスマホでの会員登録方法をご紹介します。

### ❶ メルカリアプリをインストールする

　iPhoneの場合はApp Store、AndroidはGoogle Play Storeより「メルカリ」と検索し、メルカリ公式アプリをダウンロードします。

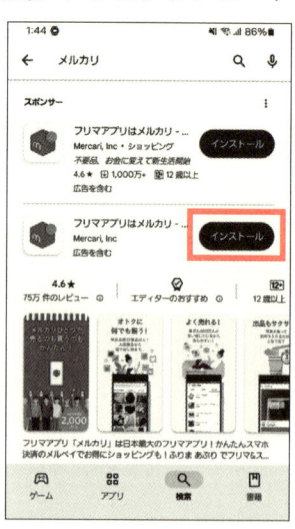

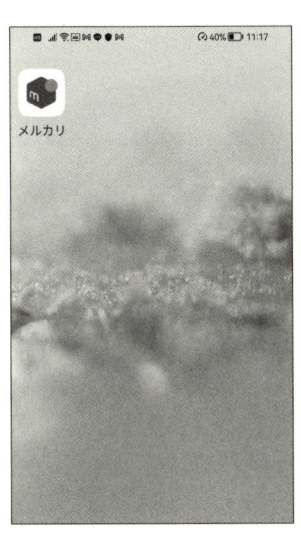

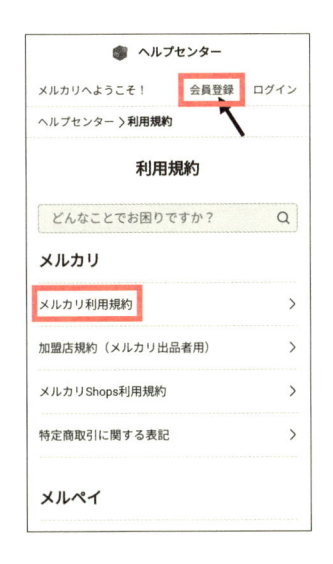

## ❷利用規約を確認し、会員登録をタップ

　メルカリの利用規約を確認して会員登録ボタンをタップしましょう。中国輸入ビジネスを行う際に注意が必要な規約については、改めて詳しく解説します。今はざっと目を通しておく程度で問題ありません。

### ❸会員情報を入力する

　メールアドレスとパスワード、ニックネームを入力します。Google
やFacebookアカウントでも登録は可能ですが、今後ビジネスとして運
営していく事を考えると、作業の効率化や経理処理等を踏まえメール
アドレスで登録するのが良いでしょう。

　特に、仕事専用のメールアドレスをお持ちで無い場合は、この機会
にぜひ作っておきましょう。ビジネス用メールアドレスがあると、他
の私用メールなどに惑わされる事なく仕事に集中できますよ。おすす
めのメールアドレスはGmailです。GmailはGoogleが提供する無料のメ
ールサービスです。無料でありながらとても高機能なメールサービス
で、簡単に取得できるので必ず用意しておきましょう。

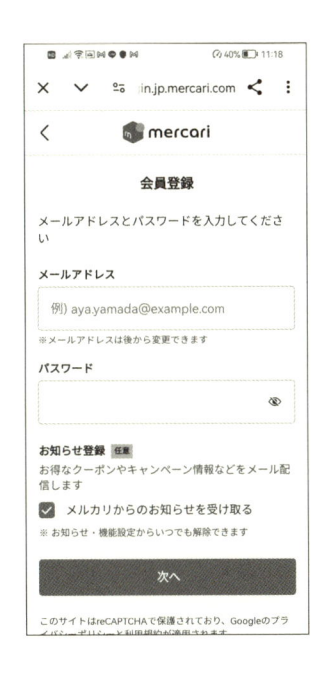
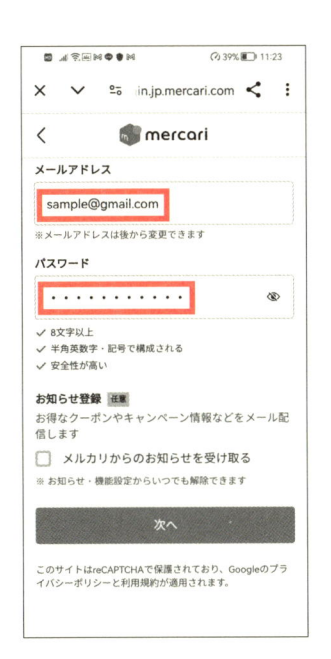

## ❹SMSで本人認証する

　ご自身の携帯電話番号を登録し、SMS認証を行います。すぐにスマ
ホに認証番号が記載されたショートメッセージが届くので、番号を入

力して本人確認完了です。

　これで、あなたのメインショップが開店しました。続いてメルカリトップページやマイページの使い方と出品準備を行っていきましょう。

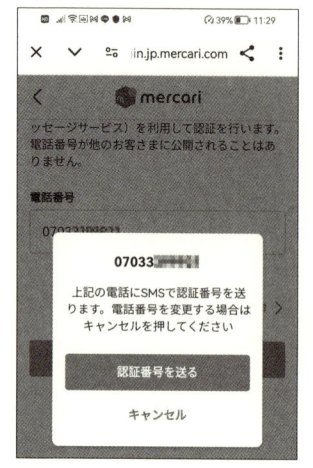

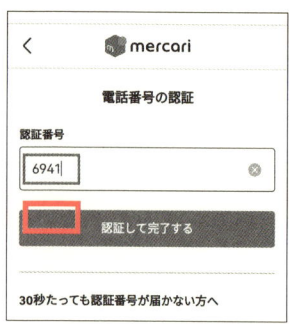

## 図解　メルカリ画面の使い方

　メルカリアプリを開くと表示されるトップページをホーム画面と呼びます。ホーム画面には主に検索や閲覧履歴等からピックアップされるおすすめ商品が並ぶ他、出品や売上管理など各詳細ページへアクセスできるボタンも配置されています。それぞれの機能や意味についてざっくりと確認しておきましょう。

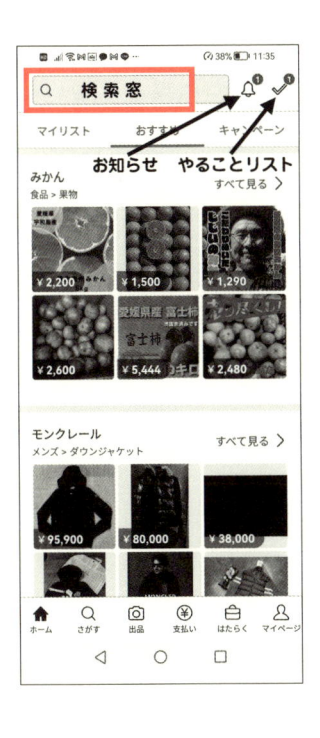

検索窓

お知らせ　やることリスト

スライドタブ

メニューバー

## ✿ 検索

　商品を検索したい時はこの窓へキーワードを入力します。タップするとキーワードの他にもカテゴリーやブランド、写真からも商品を探す事ができます。検索キーワードや条件を保存する事も可能です。

　あなたのお客様もこの検索窓からお目当ての商品を探し出します。お客様はどんなキーワードで検索するのか、自分も購入者になった気分で色々検索してみましょう。

## ✿ お知らせ

　あなたの出品商品に「いいね！」やコメントが入った際にお知らせが届き、数字のバッジが表示されます。他にも事務局からのお知らせやポイントの有効期限、ニュース等も配信されます。通知があったら一通り目を通しておきましょう。

## ✿ やることリスト

　出品した商品が売れた後の取引連絡や発送等、取引上で必要なアクションが表示されます。数字のバッジが表示されている場合は、対応が必要なアクションがあるという事です。

　特に、売れたのに発送するのを忘れていたり、お客様からの問い合わせに気づかず放置してしまうとメルカリから重いペナルティを受ける事もあります。やることリストは常にチェックし、対応忘れが無いように気をつけましょう。

## ✿ スライドタブ

　画面を左右にスワイプするとおすすめやショップ、マイリストなどメイン画面の切り替えをする事ができます。タブ上をタップする事でも切り替え可能ですが、この画面は主に購入者用となります。どんな内容が表示されるのかざっと確認しておく程度で問題ありません。

## ✿ メニューバー

　画面下には、タップすると画面が切り替わるメニューバーが常に表示されています。［ホーム］ボタンをタップするとホーム画面へ戻る事ができます。［さがす］ボタンは画面上部にある検索窓と同じ機能です。タップすると検索画面へ移動します。

　［出品］ボタンをタップする事であなたの商品をメルカリへ登録し、販売する事ができるようになります。出品方法については改めて詳しく解説します。

　［支払い］ボタンは売上金の管理や振込申請、振込先銀行口座設定などを行う事ができます。電子マネーメルペイの操作もここから行います。

　［マイページ］ボタンは主に出品商品を確認することができます。今後、「いいね！」や閲覧履歴をチェックし、あなたの商品の出品管理やメンテナンスを行い、より売上を高めて行くために必要な大切なペー

ジとなります。マイページからも振込申請が行なえます。マイページを使いこなせるよう実践を繰り返していきましょう。

## プロフィールを設定しよう

プロフィールページは一般的には自己紹介やお店の紹介を記載しますが、それに加えて戦略的に作り上げればクレームや無駄な問い合わせが入りにくいお店にする事が可能です。販売を開始してから、思いのほか時間を奪われてしまう作業の筆頭が、コメント問い合わせ対応です。

商品毎に問い合わせが入り、その都度対応していては私達がめざず自動販売機モデルでは無くなってしまいます。自動販売機は接客や問い合わせ対応はしませんよね？

そこで、お客様に安心感を与えながら、問い合わせしなくても疑問や不安が解決するようなプロフィールページの作り方を解説します。

また、本章末では「クレームや無駄な問い合わせが入りにくくなる、プロフィール例文テンプレート」をプレゼントします。ぜひ例文を参考に戦略的なプロフィールページを作ってくださいね。

### ❶プロフィール設定画面へ

ホーム画面下に並んでいるメニューバーの中から「マイページ」アイコンをタップします。下へスクロールしていき「個人情報設定」をタップ、その後「プロフィール設定」をタップします。

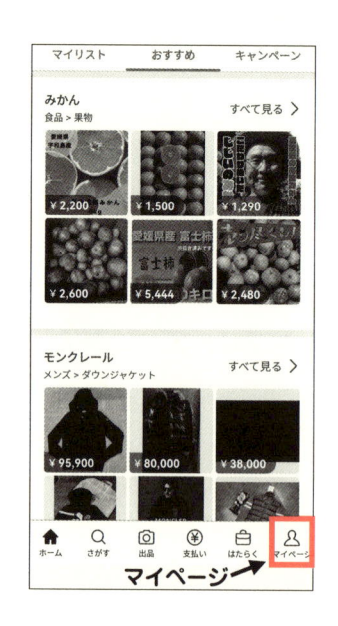

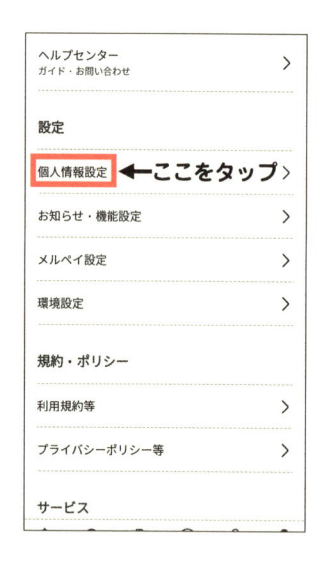

マイページ

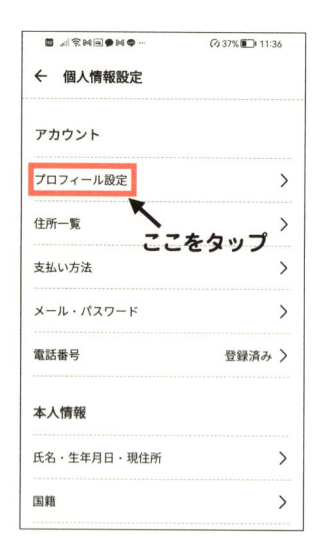

## ❷プロフィール画像とニックネームを設定する

　まずはプロフィール画像を設定しましょう。プロフィール画像は小
さな丸いアイコンとして登録され、プロフィール画面や取引連絡、コ

メント時に名前と共に表示されます。

　登録する写真は何でも構いませんが、プロフィール画像が無いとメルカリに不慣れな印象や不信感を抱かれやすくなります。お好きな写真や画像を登録しておきましょう（キャラクターものなど、権利が発生する画像は避けてください）。

　ニックネームは会員登録の際に決めた名前を、そのまま使ってもOKです。いつでも変更できるので、間違えて本名を入れてしまっていた場合はすぐにニックネームへ変更しておきましょう。また、ニックネームの後ろに「セール中」「連休明け発送」など、一時的に告知したいメッセージを付け加えるという方法もあります。

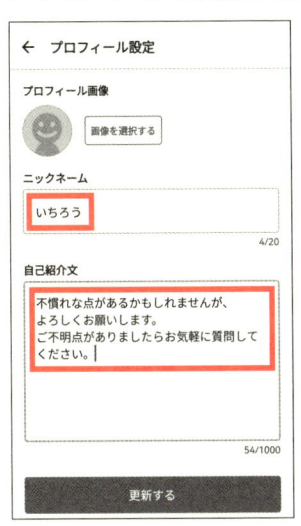

## ❸ 自己紹介文を入力する

　自己紹介では挨拶や主な取り扱い商品についてだけ記載している方も多いですが、ここで入力する文章によってお客様の反応が大きく変わってきます。

　特に、私達は自動販売機モデルを構築するため、予期せぬトラブル

メルカリの基本操作

一章 二章 三章 四章 五章 六章 七章

以外はなるべく顧客対応を行わない運営を心がける必要があります。

　良く頂くコメントや取引メッセージの代表例として、「値下げの要望」「商品到着のタイミング」「発送方法」「初期不良」等が挙げられます。プロフィール欄に予めその答えを記載しておけば無駄なコメントやメッセージが来る事を避ける事ができます。

　例えば、「値下げには対応していません。」「購入確認後、●日以内に日本郵便で発送します。」「商品はポストに投函されます。」など、事前に記載しておけばかなりの数のコメントやメッセージを削減する事ができるのです。

　詳しくは「クレームや無駄な問い合わせが入りにくくなる、プロフィール例文テンプレート」で解説していますので、ぜひご覧くださいね。

　ただ、それでも問い合わせがゼロになる事はありません。トラブル時の対応は誠意を持ってお客様目線で丁寧に対応する事がとても大切です。問い合わせを無視してしまうと、メルカリ事務局からペナルティを受ける場合があるので柔軟に対応していきましょう。

　なお、ネットオークションでは当たり前に記載されている「ノークレームノーリターン」はメルカリでは禁止されています。ノークレームノーリターンとは、「販売した商品に何か不具合があった際でも返品返金に応じません」という意味ですが、メルカリではそういった旨の記載をする事は規約違反となります。

　他にも「返品不可、ノークレーム（NC）、ノーリターン（NR）、ノーキャンセル（NC）、3N（クレーム、返品、キャンセル不可）」等の記載は全てNGです。

# 出品してみよう

　以上で開店準備は完了です。続いて、商品を販売する流れを覚えて行きましょう。メルカリであなたの商品を販売するために商品を登録する事を出品と呼んでいます。中国輸入商品をより売れるようにするためのテクニックも沢山ありますが、今回は一般的な出品方法に絞って解説します。出品の流れは中国輸入商品も変わりません。まずは家にある不用品を出品してみるのもおすすめです。

## ❶商品の写真撮影をする

　売りたい商品が準備できたら商品写真を撮りましょう。商品写真は商品の売れ行きに大きく関わります。商品の状態が良くわかるように丁寧に撮影する事がポイントです。

　メルカリホーム画面下のメニューバーより「出品」をタップし、「写真を撮る」を選択します。するとカメラが起動するので早速撮影をスタートしましょう。何度でも取り直し可能で最大20枚まで登録が可能です。

　他のカメラアプリ等で撮影した写真を登録する事も可能です。出品メニューから「アルバム」を選択して登録していきましょう。

　なお、メルカリに掲載される商品写真は1:1の正方形サイズです。縦長写真を使用すると左右に余白ができてしまい、せっかくの商品が目立たなくなってしまいます。メルカリ以外のカメラで撮影する場合は、正方形サイズに設定する事を忘れないようにしてくださいね。

　登録した写真は順番を入れ替える事もできます。1枚目のメイン写真は商品全体が写っていて、パッと見てそれが何なのか分かりやすい写真を選択しましょう。2枚目以降には側面や裏面など細部の特徴が

一章　二章　三章　四章　五章　六章　七章

メルカリの基本操作

分かる写真を掲載するのが基本です。

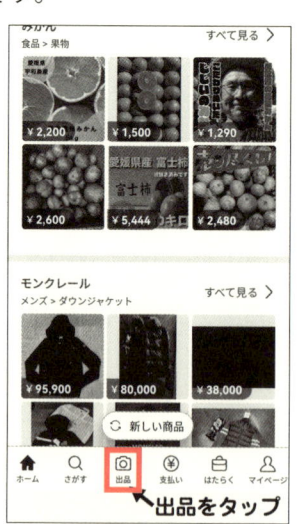

## ❷商品情報を登録する

写真撮影が完了したら商品情報を登録していきます。商品情報には、商品タイトル、商品説明文、カテゴリ選択、サイズ、状態などの登録が必要です。

特に商品タイトルはとても重要です。あなたの商品が欲しいお客様に確実に届けられるよう、検索キーワードを意識した商品タイトルを考えてみましょう。商品タイトルは40文字の文字数制限があるので、情報量をなるべく多く盛り込みながら、簡潔に作り上げていく事がポイントです。

商品説明文には、写真だけでは伝わらない商品の特徴や内容を記載します。できるだけ具体的かつ正確に入力しましょう。商品情報と合わせて発送方法や購入時の注意点なども合わせて記載しておくのが良いでしょう。

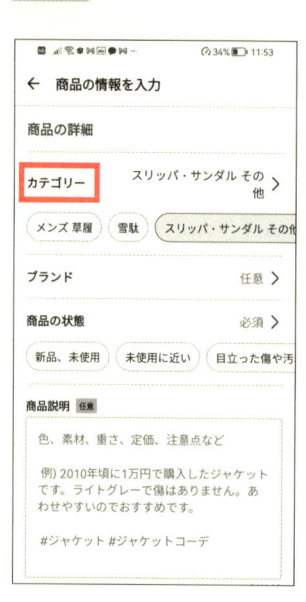

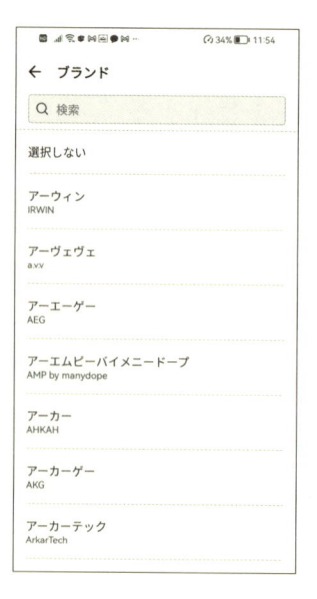

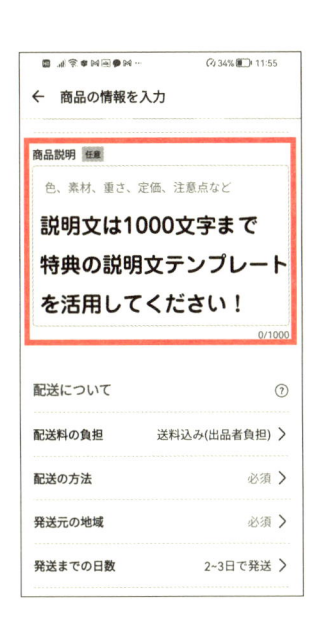

メルカリの商品カテゴリーは多岐にわたりますが、商品写真を登録すると画像解析が行われ自動的にカテゴリー選択がされる仕組みになっています。カテゴリーに問題なければそのままで構いませんが、変更したい場合はカテゴリー欄をタップすると候補が表示されます。最適なものを選んでカテゴリー選択を完了させましょう。

　洋服などサイズがある場合は合わせてサイズ選択も行います。ブランド選択は任意です。中国輸入商品の場合はノーブランド品となるので、今回も未選択で問題ありません。

　最後に状態を選択して、商品情報登録は完了です。今後私達は新品の中国輸入商品しか取り扱いませんので状態は常に「新品、未使用」を選択する事になります。もし、出品の練習として不用品等を販売する場合は、その商品に合った状態を選択してください。

## 配送方法を選択する

　メルカリでは多岐にわたる発送方法に対応しています。初めての方は種類が多すぎてどの発送方法を選べば良いか迷ってしまうかもしれません。

　中国輸入商品の販売では、日本郵便一択で問題ありません。詳しくは改めて解説しますが、その中でも特に「定形郵便」「定形外郵便」「ゆうパケットポスト」「クリックポスト」を抑えておけば充分です。発送方法は商品の大きさや重さによって変わってきます。もっとも送料が安くなる発送方法を選択する事が基本です。

　たかが数十円と思われがちですが、毎月数百個単位で発送を行えば利益額は大きく変わります。毎月300個の発送があり、送料を10円安くできれば3,000円もの差になり、年間36,000円利益を増やす事ができるのです。慣れているからといつも同じ発送方法ばかりに頼っていると10円以上の送料を無駄にしている可能性があります。利益を最大化するために複数の配送方法を使い分けできるようにしましょう。


　メルカリでは送料を出品者が負担するのか、購入者が負担するのかの選択が可能ですが、「送料込み（出品者負担）」を選ぶようにしましょう。お客様からすれば販売価格以外に必要な負担は無し、というわかりやすい価格設定となり圧倒的に購入率が高くなります。

　配送方法の選択は、先程もお話した通り商品の大きさや重さによって選択します。最も送料を抑えて発送できる方法を選択しましょう。発送元の地域は、あなたがお住まいの地域を選択してください。

メルカリの基本操作

　発送までの日数は商品が購入され入金があった日より、何日以内に発送できるかを選択します。設定日よりも発送が遅れてしまうとお客様からの評価やメルカリ事務局からのペナルティ対象となります。確実に送れる期間に設定する事が基本ですが、はじめての方は「できるだけ早く送ればお客様からも喜ばれるだろう」と「1〜2日」を選択し、常に即日発送を心がけている方が多いようです。

　実はこれは大きな勘違いで、これからどんどん発送数が多くなっていく中、即日発送を続けていくと発送作業ばかりに時間を取られて、肝心な売上を上げる作業ができなくなってしまいます。1日の作業が発送作業中心になり、リサーチや出品ができずに売上がどんどん落ち込んでしまうでしょう。

　発送作業は週に3回程度まとめて行えば問題ありません。商品説明文やプロフィールページに発送日数について明記しておけば、発送日についてのお客様からのクレームはほぼありません。売上を上げる作業を優先するために、発送日数は「2〜3日」に設定する事、即日発送

は中止し、まとめて発送を行う事をおすすめします。

## 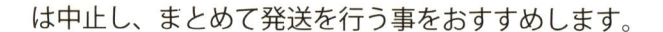 販売価格を決める

商品価格は高値で売ろうと考えず、メルカリで販売されている相場に合わせた適正価格に設定する事がポイントです。いつか売れるだろう、と高値や希望する利益が取れる価格で放置する方も多いですが、それは不良在庫化のはじまりです。時には赤字ギリギリのプラスマイナスゼロラインで損切りする必要がある商品が発生する場合もありますが、躊躇なく決断を行えば赤字化という失敗を避ける事ができます。

適正価格設定は仕入れから販売まで効率的に素早く行い、キャッシュフローを圧迫しない健全な運営を行うために必ず必要な考え方なのです。

適正価格はメルカリで売られている同じ商品の価格帯に合わせる事が基本です。商品タイトルに使用したキーワードで検索し、他出品者の販売価格をチェックしながら価格帯を合わせていきましょう。

また、価格帯は常に変動します。最低でも1日1回は相場価格をチェックし、販売価格を微調整していく事がしっかり利益を取りながら素早く販売する秘訣です。他出品者の販売状況を確認する事を本書では「ライバルチェック」と呼んでいますが、実績を上げている方は必ずこのライバルチェックを毎日忘れずに行っています。売上と利益に直結する大切な作業なので、今のうちに習慣化するよう心がけましょう。

　販売価格を設定したら、最後に「出品する」ボタンをタップして出品完了です。正しく出品内容が登録されているか確認しておきましょう。

## パソコンでの出品を活用しよう

　ここまで、一般的な出品法としてスマホを使った方法を解説してきましたが、メルカリはパソコンからでもログインする事ができます。スマホのホーム画面とは若干並びが異なりますが、パソコンからでもスマホと同じく全ての機能を利用できます。アイコンやメニューも同じものが使用されているので、操作に迷うことは無いでしょう。

　特に出品はパソコン画面1ページで全て完結する事ができます。複数の商品を効率的に出品するため、パソコンでの出品にも慣れていくようにしましょう。最終的には全ての作業をパソコンで行えるようになると、あなたの売上も右肩上がりに増えていきますよ。

※パソコンでメルカリへアクセスするには？

　Googleなどの検索エンジンで「メルカリ」と検索するか、URL「https://jp.mercari.com/」を直接ブラウザのアドレスバーへ入力してください。

## 出品中に行う事は？

　出品中に行う主な作業は、先程もお伝えした「ライバルチェック」と「コメント対応」です。私達はできる限りコメント対応が少なくなるよう出品ページを作成するので、一般的なコメント数に比べると圧倒的に少なくなりますが、場合によってはコメント対応が必要です。

　コメント対応のポイントは、できない事はハッキリできないと伝える事です。良くコメントされる例として、値下げや同梱、取り置きなどが挙げられます。これら全てに対応してしまうと、本来行う必要の無い無駄な作業ばかりが増えてしまい、結果的に売上を下げる事になります。自動販売機モデルから離れてしまう対応は避ける意識を持って、機械的なコメント対応を行っていきましょう。

　ライバルチェックはコメント対応よりも重要な作業です。他出品者の販売価格変動や、よく売れている人はどんなタイトル付けをして、説明文には何を記載しているのか？　等に常に目を光らせましょう。ご自身の出品ページに応用できる点や、足りない点を発見したら積極的に修正を行います。

　出品中の情報を変更するには、マイページの「出品した商品」ボタンから確認する事ができます。「商品の編集」ボタンをタップすれば商品タイトルや説明文、販売価格の修正が可能です。最後に「変更する」ボタンをタップして作業完了となります。

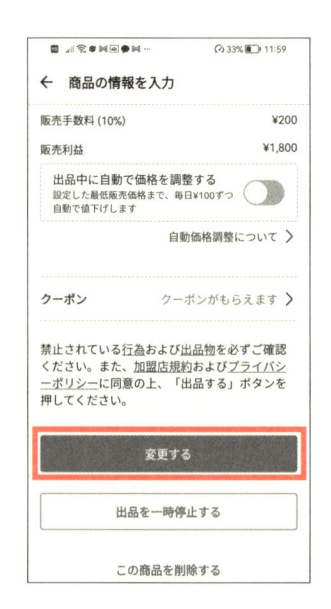

　商品が売れると、メルカリから登録メールアドレスへ通知メールが届きます。やることリストにも数字のバッジが表示されますので、やることリストをタップし、売れた商品の詳細を確認しましょう。取引画面では、購入して頂いたお客様と直接メッセージのやり取りを行う事ができます。まずは購入のお礼と発送方法や時期、到着日数などについてメッセージを送るとその後のやりとりがスムーズに進むでしょう。

　お客様の支払い方法によっては、購入と支払い完了にタイムラグが生じる場合があります。支払い方法にコンビニやATMを選択した場合は、3日以内の支払い期限が設定されます。お客様が支払いを完了したタイミングで入金通知が届くので、入金完了までしばらく待ちましょう。もし、期限を過ぎても支払われない場合は、取引メッセージからお客様へ連絡してみましょう。場合によっては取引のキャンセル申請をする事も可能です。

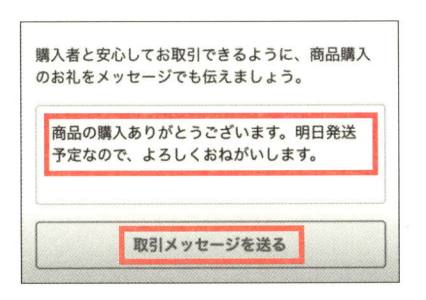

購入者と安心してお取引できるように、商品購入
のお礼をメッセージでも伝えましょう。

商品の購入ありがとうございます。明日発送
予定なので、よろしくおねがいします。

取引メッセージを送る

　支払いの確認が取れたら、設定した配送までの日数以内に商品の発
送を完了しましょう。もし予定よりも発送が遅れてしまう場合は、必
ずお客様へ連絡して了承してもらいましょう。支払い完了後、7日を
過ぎても発送しないとキャンセルやペナルティを受けてしまう場合も
あるので要注意です。

　梱包は丁寧にしすぎる必要はありませんが、シンプルで清潔感のあ
る状態を心がけると良いでしょう。商品が水濡れや破損しないように
する事が最低条件ですが、使い回しの梱包材や、くすんだプチプチを
使用するなど、印象を悪くする梱包は避けましょう。商品を受け取る
お客様が不快な思いをしないような梱包を意識しましょう、
　また、なるべく送料の無駄を省くために重さや厚みに注意しながら
予め梱包しておく事も大切です。梱包済の商品を用意しておく事で、
売れた後の作業もスムーズになりますよ。

　発送が完了したら「発送通知ボタン」をタップすれば、お客様にも
発送通知が送られて発送作業は完了です。同時に発送完了メッセージ
も連絡しておくと良いでしょう。
　商品が売れた後のあなたの行動次第で、取引後の評価が大きく変わ
ります。お互い良い気持ちで取引を終える事ができるよう、お客様目
線で取引を行ってくださいね。

メルカリの基本操作

　メルカリでは、1商品の一連の取引に対して「良かった」と「残念だった」の2つから選ぶ評価という仕組みがあります。評価はまずお客様が先に行い、その後販売者であるあなたが購入者に対して評価する順番となります。あなたが評価をするまでお客様の評価を確認する事はできませんが、届いた商品に問題がなければ良い評価になる事が一般的です。こちらからも余程の事が無い限り「良かった」と機械的に評価は終わらせてしまいましょう。これで1商品の取引は全て完了となります。

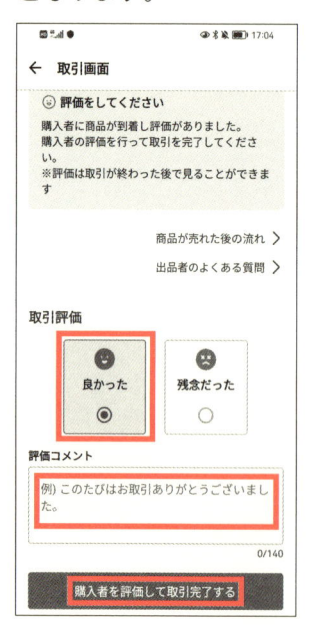

　稀に、商品を受け取っても評価をしてもらえない場合があります。お互いの評価が完了しないと売上金に反映されないので早く評価が欲しいところではありますが、発送通知をしてから8日以上経過しても受け取り評価が無い場合は、メルカリへ評価の催促を依頼する事ができます。取引画面上に専用のフォームが表示されるので、そこから連

絡してみましょう。

　また、発送通知から9日後の13時を過ぎると取引は自動的に完了し、売上金として反映されるようになります。

　売上金が反映されたら受け取り申請を行いましょう。売上金は現金の他にメルペイのポイントとして受け取る事も可能ですが、ビジネスとして販売を行う場合は現金受取が良いでしょう。現金で受け取る場合は銀行振込申請を利用します。銀行振込申請はどのタイミングで行っても良いですが、売上金残高が211円以上で振込申請期限の180日を過ぎていない事が条件となります。

　振込申請をするには、事前に振込先の金融機関口座を登録しておく必要があります。ホーム画面下のメニューより「支払い」をタップ、メルペイ設定内の「銀行口座の管理」へ進みます。ここで金融機関口座の登録が可能です。口座の名義は必ずメルカリへ会員登録した際の氏名と同一にするようにしましょう。

　振込申請はマイページより行います。ホーム画面下のメニューより「マイページ」をタップ、残高ポイント内の「振込申請」へ進みます。

メルカリの基本操作

「振込申請して現金を受け取る」より希望する振込申請金額を入力しましょう。あわせて表示されている振込先口座情報も再確認しておきましょう。

　振込手数料は金融機関や申請した金額に関係無く1回200円となります。必要経費として割り切り、月に1回程度定期的に振込申請を行うと経理的にも分かりやすいでしょう。

　なお、振込申請はメルカリでの本人確認が完了していないと利用する事ができません。メルカリアカウント新規作成時に終えていると思いますが、本人確認には審査があるので、承認が済んでいるかどうか今一度確認しておく事をおすすめします。

## わからない事があったら？

　出品や取引をしているうちに、わからない事がでてくるかもしれません。メルカリでわからない事はマイページにある「ヘルプセンター」を確認してみましょう。特にその中にある「メルカリガイド」は各項目別にわかりやすく、詳しく解説しています。キーワード検索や、よくある質問もまとめられているので困った事がある場合は活用してみ

てくださいね。

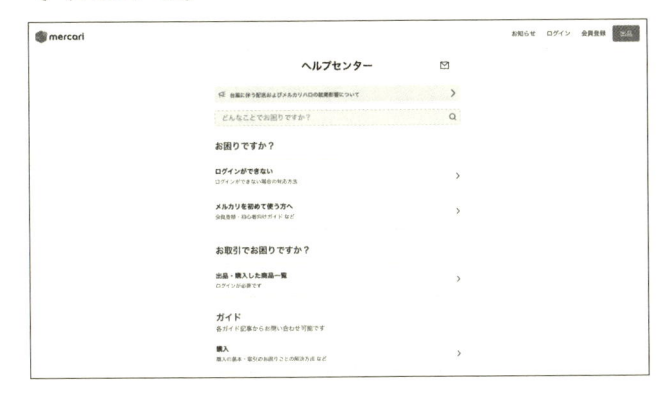

## ユーザー独自ルールについて

メルカリにはユーザー同士の取引で行われる独自のルールや用語、出品方法があります。あなたが行うビジネスで活用できるルールもあれば関係の無いものもありますが、コメントされた場合などにユーザーが何を言っているのか？　何を求めているのか？　を理解するために、一通り確認しておきましょう。

### ＜おまとめ＞

複数の商品を同時に購入したい時に使われます。同梱発送（別商品と一緒にまとめて送る事）する事で送料を安くして欲しい、という目的で要望を受けますが、私達は対応しない事を前提としてビジネスを進めています。

### ＜取り置き＞

おまとめと共に要望が多いのが取り置きです。購入希望者が今は支払いができないので、支払いできるタイミングまで商品を売らないで待っていて欲しい。といった内容です。公式ルールでは無いので、こちらも対応しない方針で問題ありません。

<＜いいね！＞>

### ＜いいね！＞

　ユーザーが気に入った商品のハートのマークをタップすると「いいね！」を付けた事になります。ブックマーク機能として後から確認しやすくなります。「いいね！」が付けば付くほどその商品を気になっている人が多いという事です。私達のビジネスでも常に参考にする指標の1つとなります。

### ＜キャンセル＞

　取引を破棄する事です。商品購入後のキャンセルは基本的に認められていませんが、お客様からの支払いがない場合は購入者都合でのキャンセルが可能です。

　逆に販売した商品が発送できなかったり、お届けした商品が不良品だった場合には出品者都合でのキャンセルも行えます。キャンセルには出品者と購入者双方の合意が必要です。

　また、出品者都合のキャンセルはメルカリからペナルティを受けやすい危険な行為です。できるかぎりキャンセルにならないよう、日頃から丁寧なビジネス運営を心がけましょう。

### ＜込み、込＞

　「送料込み」の省略です。着払い設定になっている商品に対して、送料も含んだ価格に交渉する際にコメントで良く使われる用語です。

### ＜コメント無し、コメント無し購入、即購入＞

　購入者が商品を購入する際に、挨拶や購入の意志をコメントしないで購入する事です。メルカリの公式ルールでは問題の無い行為ですが、ユーザー間では購入前に挨拶をするもの、というルールを持っている方も多く存在します。逆に私達はわざわざ購入前にコメントされても手間が増えるばかりですので、「コメント無し購入OK、即購入歓迎」など説明文に記載しておきましょう。

## <3N、NCNR>

「ノークレーム、ノーリターン、ノーキャンセル」の省略です。メルカリの公式ルールでは商品が不備があった場合、必ず対応が必要です。3Nの表示は公式に禁止されています。

## <専用、専用出品>

商品を特定の方のみが購入できるよう、商品ページに表示する事です。コメントで値下げ交渉が成立したり、その他要望に双方が同意した際など、譲り先が決まった場合に活用されます。

商品タイトルや商品画像に「●●様専用」と記載を追加する形が一般的ですが、公式ルールではありません。専用を求められた際、対応を断っても問題ありません。

## <即決>

すぐに購入します。という意味で使われます。私達のビジネスモデルでは、値下げや同梱、取り置き、専用など全て対応しませんので常に即決で購入をお願いしている形になります。

## <ブロック>

特定のユーザーとお互いのやり取りを停止する事ができる機能です。ブロックされた相手はあなたの商品を購入したり、「いいね！」やコメントをする事ができなくなります。トラブルになりそうなユーザーにはブロック機能を上手に活用すると良いでしょう。

## <プロフ必見>

出品者が購入者に自分のプロフィールに記載されている注意事項を読んで欲しい時に、出品者名や商品説明文に追記する用語です。必ず読んで貰えるわけではありませんが、トラブル時にこちらの主張を通しやすくもなるので、一言付け加えておきたい用語の1つです。

メルカリの基本操作

# 輸入代行業者を利用しよう

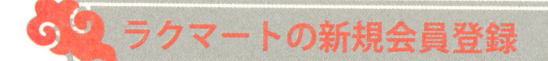

## ラクマートの新規会員登録

　それでは、私がおすすめする中国輸入代行業者「ラクマート」の新規会員登録を行いましょう。ラクマートは日本国内にも支社を持つ中国輸入代行会社です。

　中国仕入れサイトのアリババ・タオバオ・Tmallからの仕入れに対応しています。ラクマートは他社と比べ、サイトが完全に日本語対応している、サイト内で仕入れ商品の検索が可能（日本語検索も対応）、非常に見やすく、わかりやすいサイト設計など、大きなメリットがあり安心して利用する事ができます。

　ラクマートの無料会員登録からログインまでの流れを詳しく解説します。

### ❶まずはラクマートの登録ページへアクセスします。

※ラクマートの会員登録はPCから行いましょう。登録時に携帯電話番号でのSMS認証が必要なので、PCとスマホを用意して登録を開始してくださいね。

　個人情報の入力画面となりますので、順番にユーザー名と氏名（共に日本語で大丈夫です）、パスワード（半角英数字）、メールアドレス、携帯の電話番号を入力します。携帯電話番号はハイフンやスペースを入れずに数字だけで入力しましょう。

携帯電話番号まで入力し終えたら、その下にあるコード入力欄の横にある「確認コード送信」をクリックしてください。すると携帯電話のショートメールに数字6桁の確認コードが届くので、届いたコードを入力します。「利用規約とプライバシーポリシー」を確認後、同意のチェックをいれたら「確認画面へ」をクリックします。

次の画面で入力内容に間違いが無い事を確認したら「この内容で登録」をクリックします。これで新規会員登録は完了です。

**ラクマート登録画面**

【輸入代行会社】
「RAKUMART株式会社」
https://www.rakumart.com/
【所在地】
〒556-0011
大阪府大阪市浪速区難波中1丁目3-18
DAIICHI大阪ビル 8階

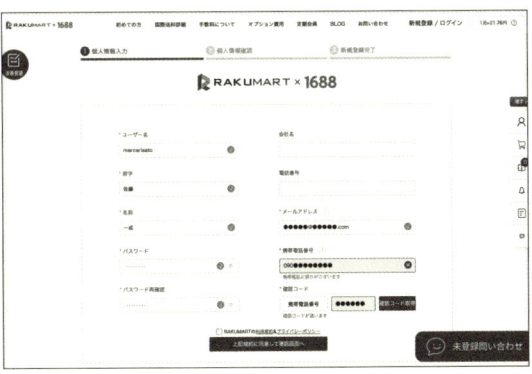

## ❷配送先の設定

新規会員登録が完了したら、配送先の設定も同時に行ってしまいましょう。配送先とは、ラクマートに買付代行をしてもらった商品を届けるための、あなたの住所の事です。住所登録を行わないと、せっかく仕入れた商品が手元に届きません。忘れずに登録しておきましょう。

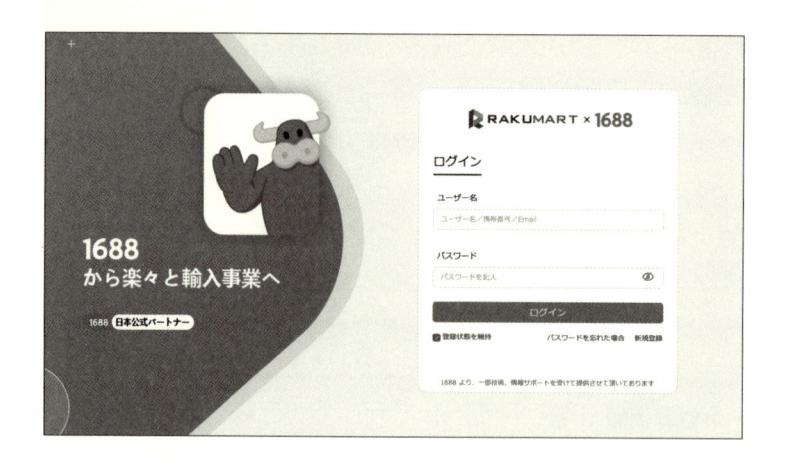

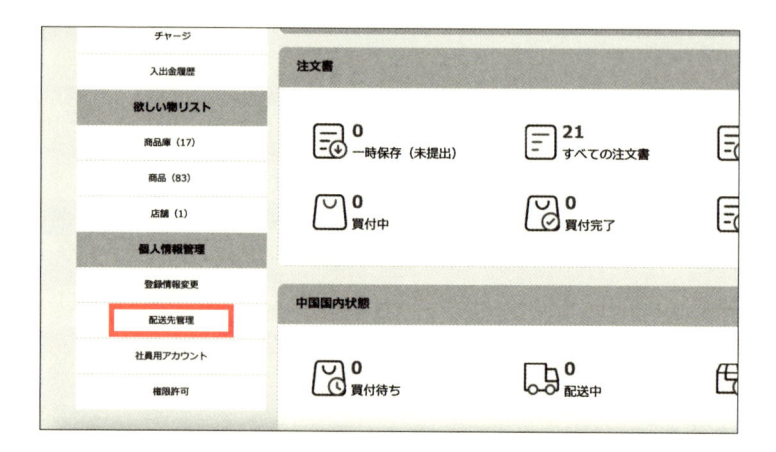

　ラクマートトップページのログイン画面より、先程登録したメール
アドレスとパスワードでログインします。すると、ポップアップ画面
で配送先が登録されていない旨の表示がされますので、「配送先編集
へ」ボタンをクリックして登録ページへ移動します。
※画面左メニュー内の「配送先管理」からでもアクセス可能です。

　日本語とローマ字両方の氏名（会社名は任意）、郵便番号と住所を入
力します。住所はローマ字表記も必要です。日本語住所をローマ字表
記へ変換してくれるサイト（http://judress.tsukuenoue.com/）を参考

に、「実用的に変換」をクリックして表示されたローマ字を全てコピペして入力しましょう。電話番号は固定電話か携帯電話のどちらかの番号を入力します。最後に「常用配送先に指定」にチェックを入れて、保存ボタンを押したら登録完了です。

一章

二章

三章

四章

五章

六章

七章

メルカリの基本操作

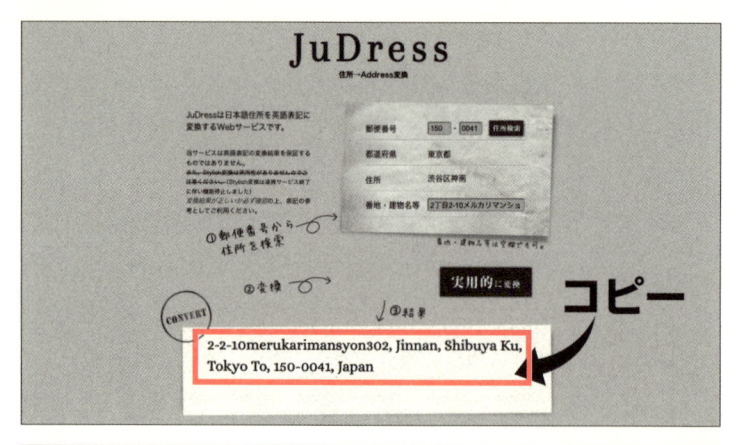

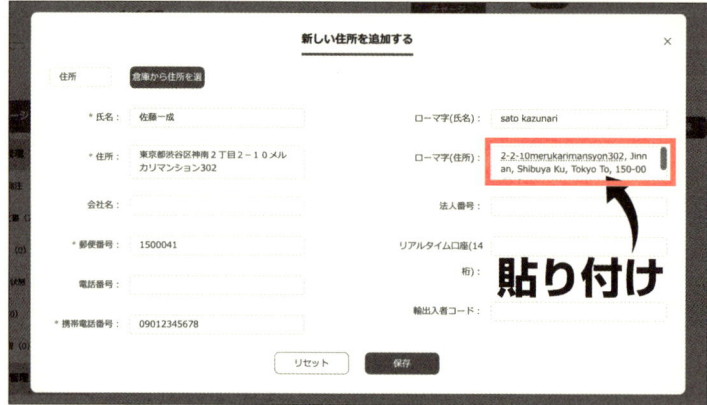

## 第三章特典：「プロフィール例文テンプレート」

特典ダウンロードURL

https://ira.jp/l/u/tokuten/

# 四章

リサーチと
仕入れ
完全攻略法

# 01 誰でもできる！儲かる商品の見つけ方

## リサーチとは？

リサーチとは、あなたがメルカリで販売する商品を選定する作業の事を指します。一言でリサーチと言っても、様々な段階（ステップ）があり、「売れている商品のリサーチ」「仕入店舗のリサーチ」「競合販売者のリサーチ」「利益が出る商品のリサーチ」の順番で最終的な仕入れ判断を行っていきます。どのリサーチもあなたを失敗から守る重要な作業です。確実に順番にこなしていくようにしましょう。

何度もお話している通り、リサーチに目利きやセンスは必要ありません。逆にセンスに頼ってしまうと、「売れると思っていたのに、全然売れない」という悲惨な結果が待っているでしょう。リサーチに必要なものはセンスのような曖昧な判断材料ではありません。誰もが同じ判断ができるような「明確な基準」です。仕入れサイトやメルカリにはその商品が儲かるかどうか判断できるデータが潜んでいるのです。1つ1つのデータを丁寧に確認しながら基準を満たした商品が見つかれば、あなたは安定した売上を手にする事ができるでしょう。

本章では儲かる商品に共通する「明確な基準」を全て公開します。難しいロジックや計算は必要ありません。機械的に作業を進めていきましょう。単純な作業に気分が乗らないかもしれませんが、いざ儲かる商品が見つかった時の快感はひとしおですよ。さあ、宝探しのはじまりです！

売れている商品のリサーチ

↓

仕入店舗のリサーチ

↓

利益が出る商品のリサーチ

↓

競合販売者のリサーチ

## メルカリ基本のリサーチ

　本項では、メルカリリサーチの基本中の基本を解説します。まずは全て手作業でやりますが、全てのリサーチの基礎となる大切な部分です。この作業を理解していないと、今後ツールを使用したとしても良い結果は生まれないでしょう。また、万が一ツールが利用できなくなってしまった場合、何もできず売上を上げる事ができなくなってしまいます。正しいリサーチを実践できるよう、じっくり取り組んでくださいね。

### ❀ 検索条件の指定

　ここでは、リサーチステップ①売れている商品のリサーチを中心に解説をしていきます。まずは、メルカリの画面をPCで開いてください。一番はじめに行う事は、メルカリ画面上部にある検索窓の「虫眼鏡マーク」をクリックし、検索条件を指定します。

　指定する項目は3つです。商品の状態を「新品、未使用」、配送料の負担を「送料込み(出品者負担)」、販売状況を「売り切れ」にチェックを入れてリサーチを始めましょう。

　私達が取り扱う中国輸入商品は全て新品です。配送料は出品者負担

の方がよく売れる傾向にあります。そして、当然リサーチで知りたい
のは売れている商品なので、販売実績のある商品のみを検索対象にす
れば、全ての条件に合致した商品だけを表示させる事ができるわけで
す。

　リサーチの際は必ずこの3つにチェックを入れる必要があります。3
点セットで覚えてしまいましょう。

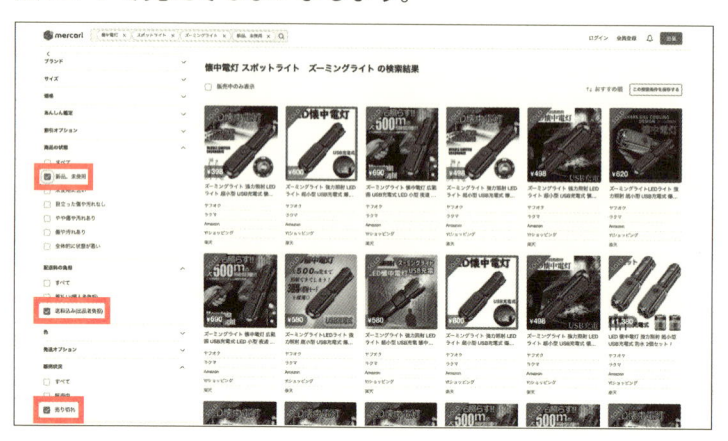

## ❀ カテゴリリサーチからはじめよう

　はじめてリサーチを実践する方は「カテゴリリサーチ」から行う事
をオススメします。カテゴリリサーチとは商品ジャンルと価格帯を絞っ
て商品を探していく方法です。全てクリックだけで進めていく事がで
きるので、難しい考え方が少なく取り掛かりやすいのが特徴です。ど
のカテゴリを選択しても問題ありませんが、チケットカテゴリだけは
除くようにしましょう。

## ❶カテゴリを選ぶ

　PCのメルカリページを開いて、検索窓の虫眼鏡マークをクリックし
ましょう。先程と同じ様に「新品、未使用」、「送料込み(出品者負担
)」、「売り切れ」の3点セットにチェックを入れます。

　続いて、「カテゴリ」をクリックしてプルダウンメニューを開くとカ

テゴリ一覧が表示されます。この中からチケットを除いた、お好きな
カテゴリをクリックしてください。どのカテゴリにも売れている中国
商品は潜んでいます。深く考えずに直感で選んで問題ありません。

　カテゴリを選ぶと、さらに詳細カテゴリを指定できるプルダウンメ
ニューが表示されます。こちらもお好きなものをクリックして指定し
ましょう。

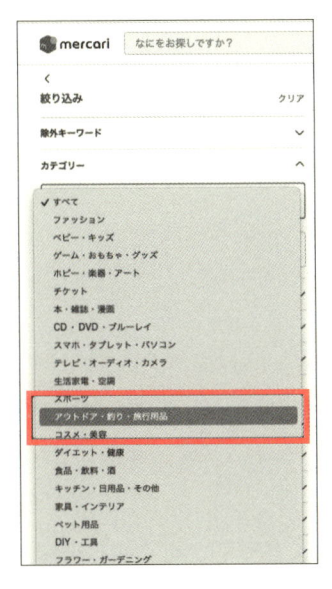

## ❷価格帯を絞り込む

　メルカリで販売されている中国輸入商品は1,000円前後のものが良く
売れる傾向にあります。そこで、よく売れる価格帯に絞ってリサーチ
を行うために価格帯を絞り込んで検索結果を表示させましょう。
　先程カテゴリを指定したメニューの中に、「価格」という項目があり
ます。上限と下限を指定できるので、まずは700〜1,000円程度に設定
してリサーチしてみましょう。慣れてきたら上限を1,200円、1,500円
など少しずつ上げていくのもおすすめです。

## ❸ 中国商品「っぽい」ものを探す

　カテゴリと価格帯を絞り込むと、条件に合った商品一覧が検索結果として表示されます。その中から中国商品「っぽい」ものを探していきましょう。

　中国輸入商品の特徴は「商品だけが白抜きになっている綺麗な画像」「撮影スタジオなどでモデルさんが綺麗に写っている」といった商品画像が使用されている事が多いです。逆に、自宅でスマホで撮りました。といったような商品画像はリサーチ対象外となります。

　何度もリサーチを繰り返していると、なんとなく中国商品っぽいという特徴が掴めてきます。まずは気になる商品をクリックして経験を積んでいきましょう。

- 「輸入製品のため」で検索→白背景の写真一覧

- 「縫製が甘い」で検索→モデル着用の写真一覧

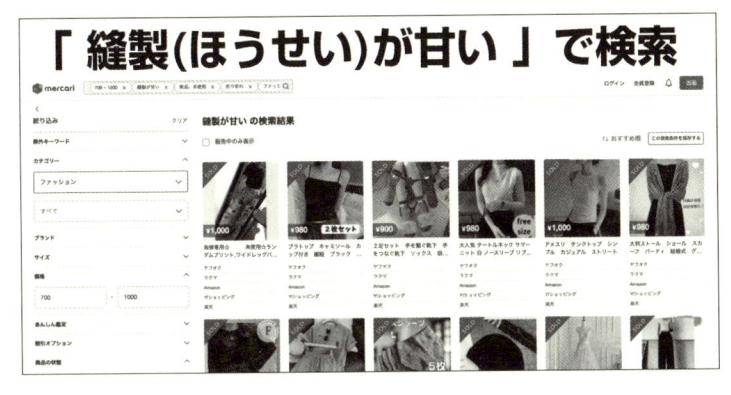

- 800円以下で検索→床置き撮影の一覧

リサーチと仕入れ完全攻略法

## 中国輸入商品「っぽい」ものを探す

- 商品だけが白抜きになっている綺麗な画像
- モデルさんが着用し綺麗に写っている

## 中国輸入商品「っぽくない」ものは除外

- いかにも「自宅で撮りました」みたいな画像
- 床置き撮影された生活感のある画像

### ❹ 売れている数を確認する

　続いて、見つけた中国商品がどれくらい売れているのかを確認します。例えば「懐中電灯」が見つかったとしましょう。

　商品名の中には様々なキーワードが盛り込まれていますが、その中からこの商品のメインとなるキーワードを抜き出してみましょう。今回の例でいうと「ズーミングライト」「LEDライト」「懐中電灯」等がメインキーワードに該当します。（下図参照）

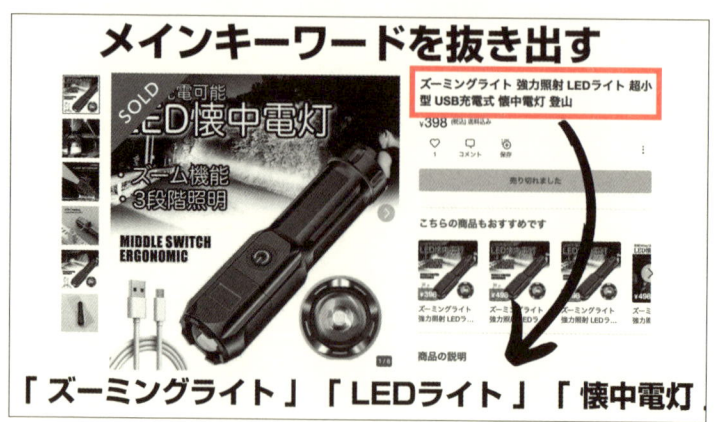

　抜き出したメインキーワードでメルカリ内を検索してみます。検索

結果では、お決まりの3点セット（「新品、未使用」、「送料込み(出品者負担)」、「売り切れ」）にチェックを入れましょう。するといかがでしょうか？　全く同じ商品は何個売れていますか？　何個も表示されているようであれば、よく売れている商品に認定です。

　検索結果に1つも表示されない、数個しか表示されていない。という場合は検索キーワードを変更してみましょう。メインキーワードには必ずといった正解は存在しません。商品タイトルから様々な組み合わせで検索を試してみてくださいね。

　それでも検索結果に同じ商品が表示されない場合は、残念ながらよく売れる商品では無いようです。何個も売れている商品が見つかるまで繰り返しましょう。慣れてくれば、わずか数分でよく売れている商品を見つけられるようになりますよ。

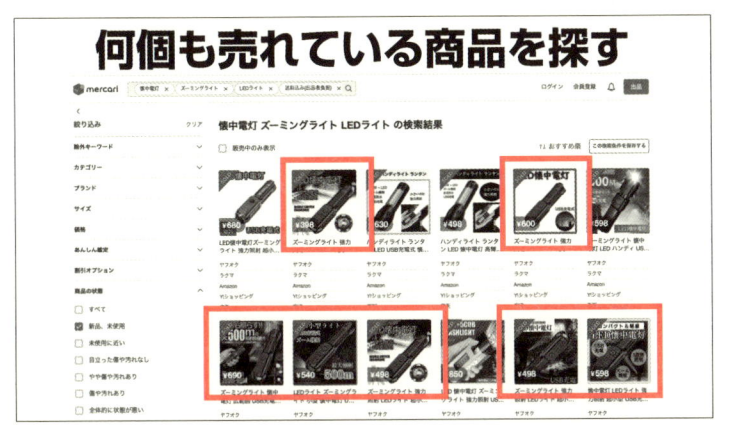

## 🌸 キーワードリサーチを組み合わせてみよう

　キーワードリサーチとは、ライバル（中国輸入ビジネス実践者）が商品タイトルや説明文の中でよく使う言葉から、中国輸入商品を探し出すリサーチ方法です。

　ライバルが良く使う言葉には「送料無料、即購入、コメント不要」などがあります。どんな商品にでも共通して使われる言葉なので、様々

な中国輸入商品を見つける事ができるでしょう。もちろん、中国輸入商品以外も検索結果にヒットしてしまうので、カテゴリリサーチと同じく中国輸入商品っぽいものを探し出していきます。

　検索結果で表示される商品数があまりにも多い時や、中国輸入商品では無いものばかりが並んでいる場合は価格帯やカテゴリを絞って、カテゴリリサーチを組み合わせる形でリサーチを進めると良いでしょう。

　キーワードリサーチでも「新品、未使用」、「送料込み（出品者負担）」、「売り切れ」の3点セットチェックを忘れないでくださいね。

## 仕入先のリサーチ方法と店舗評価の見方

　ここでは、リサーチステップ②仕入店舗のリサーチについて解説します。カテゴリリサーチ、キーワードリサーチで売れている中国輸入商品と思われる商品が見つかったら、中国の仕入れサイトで取り扱いがあるか確認し、仕入先の選定と仕入れ値のチェックを行います。

　仕入れサイト内での検索は主に商品画像をアップロードし、画像に写っている商品と一致する商品を探してくれる「画像検索」という機能を利用します。検索元となる画像は、リサーチ中に見つかったメルカリ出品者の出品画像を利用します。

### ✿ 事前準備　検索元となる商品画像を用意する

　商品画像を画像検索できる形式で保存するための「キャプチャ」方法についてご紹介します。キャプチャとはパソコンの画面上に表示されている画像をそのまま写真を撮るように保存できる機能です。キャプチャする方法は沢山ありますが、今回は本書おすすめのGoogleChromeの拡張機能を使ったキャプチャ法をご紹介します。

　すでに他のキャプチャ方法を利用している場合は無理に変更する必要はありません。ご自身が便利な方を選択してください。

# ❶Chromeウェブストアから拡張機能「FireShot」を追加

　GoogleChromeから「Chromeウェブストア」と検索してアクセスします。Chromeウェブストア内のストア検索窓へ「FireShot」と入力し、詳細画面より「Chromeに追加」を左クリックし拡張機能を有効にしましょう。FireShotを追加完了したらピン留めしておくと便利です。

# ❷「FireShot」を使ってキャプチャ画像を保存する

　ピン留めするとGoogleChromeの検索窓の右側に、水色の「S」マークが表示されます。保存したい画像を表示させたら、水色の「S」マークを左クリックしましょう。キャプチャ範囲の選択肢が表示されるので「選択範囲をキャプチャ」を左クリックしてください。

　すると、マウスカーソルが十字キーへ変わります。ドラッグして保存したい画像範囲を選べばキャプチャ完了です。「画像として保存」を左クリックしてパソコンへ保存しておきましょう。

リサーチと仕入れ完全攻略法

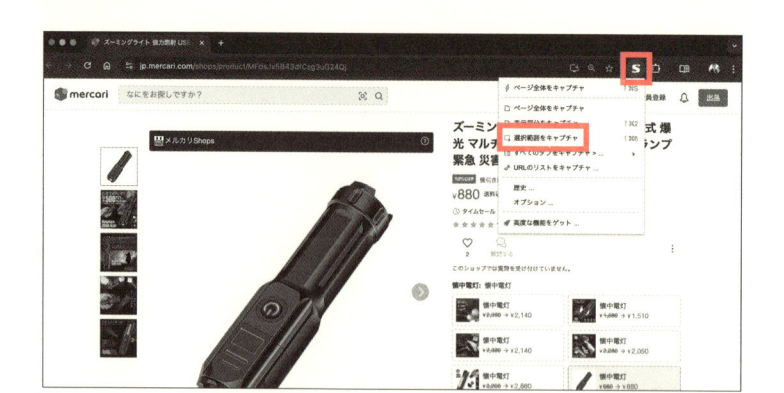

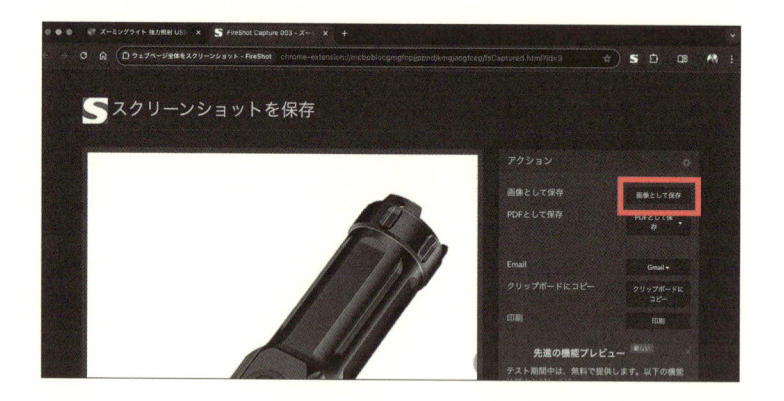

### ★おすすめ設定

　水色の「S」マークを左クリックして「オプション」を選択、ファイル設定を「JPG」、「保存後にダウンロードしたファイルを表示する」にチェックするとより便利に使えます。

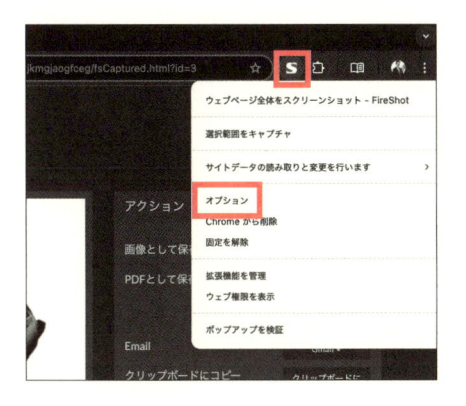

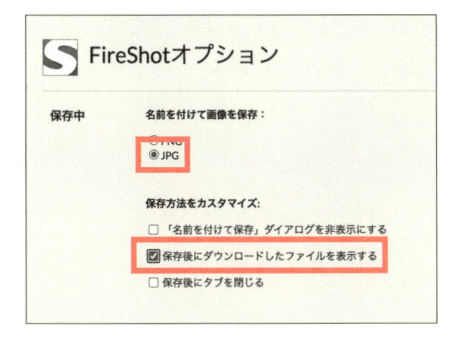

## 🌸 仕入先を探そう

　検索に使用する画像が用意できたら、中国の仕入れサイトから取り扱いがあるか探してみましょう。仕入先は中国の「アリババ」という最大手の仕入れサイトを利用します。他にも大手仕入れサイトはありますが、取り扱い点数や仕入れ価格の安さ、店舗数などを比較するとアリババが最も優れています。特に中国輸入ビジネスをはじめたばかりであれば、「仕入れはアリババ！」と決めてしまって問題ありません。

## ❶アリババのサイトへアクセスする

　アリババには中国本土版サイトの他に、海外版のサイトなど複数存在します。中国輸入ビジネスでの仕入れに使用するサイトは中国語表

記の本土版アリババです。アリババで検索すると、どのサイトか分からない場合があるので、はじめはURL（https://www.1688.com/）を直接打ち込んでアクセスしましょう。

## ❷ 画像検索機能を使って仕入れ店舗を探す

　アリババは中国の様々な問屋さんが集まっている問屋街のようなサイトです。アリババというお店が全ての商品を取り扱っているのでは無く、各問屋さんと私達を仲介してくれているイメージです。そのため、同じ商品でも複数の店舗が取り扱っている場合があります。私達はその店舗の中から実際の仕入先を選定する必要があるのですが、まずはその取扱店舗を検索する方法を覚えましょう。

　アリババトップページにはページ上部に検索窓があります。検索窓内の右側を見てみると「カメラマーク」があるはずです。これが画像検索ボタンです。

　「カメラマーク」を左クリックすると、パソコン内に保存された画像を選択してアップロードする画面が表示されます。ここから、先程画面キャプチャした商品画像をアップロードしてみましょう。すると自動的に画像検索がはじまりますので、結果が表示されるまでしばらく待ちます。

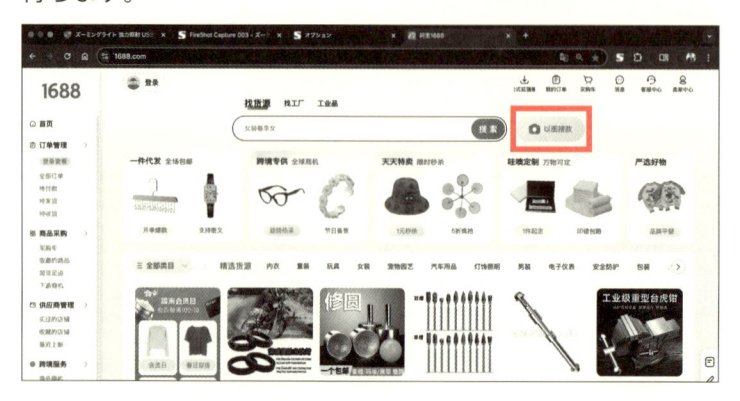

## ❸店舗評価の見方と仕入先選定基準

　売れている商品リサーチで探した商品が実際に中国輸入で取り扱える商品だった場合、アリババで画像検索すれば複数の店舗がヒットする事になるでしょう。もし同じ商品が見つからない場合は商品画像を変更して再検索してみましょう。

　複数の店舗がヒットした場合、どのお店を選択すれば良いのでしょうか？　店舗によっては商品が届かない、写真とは異なっていたり品質の悪い商品が届くというトラブルに巻き込まれる可能性があります。そういった失敗を防ぐために「店舗評価」を活用し、基準を満たした店舗から仕入れを行うようにします。

　店舗評価には様々な指標がありますが、確認するポイントは「取引数、運営歴、リピート率、総合評価、直近の取引」の5点です。

### ✿ まずは取引数で並び替え

　画像検索でお目当ての商品が複数表示されたら、検索結果画面上部タブにある「成交額」を左クリックしてください。これは日本語にすると「取引数の多い順に並び替える」という意味になります。

　取引数が多いという事は、問題の無い商品を取り扱っているという証拠にもなりますので、信頼できる店舗が上から順番に並ぶようにな

りがとう。

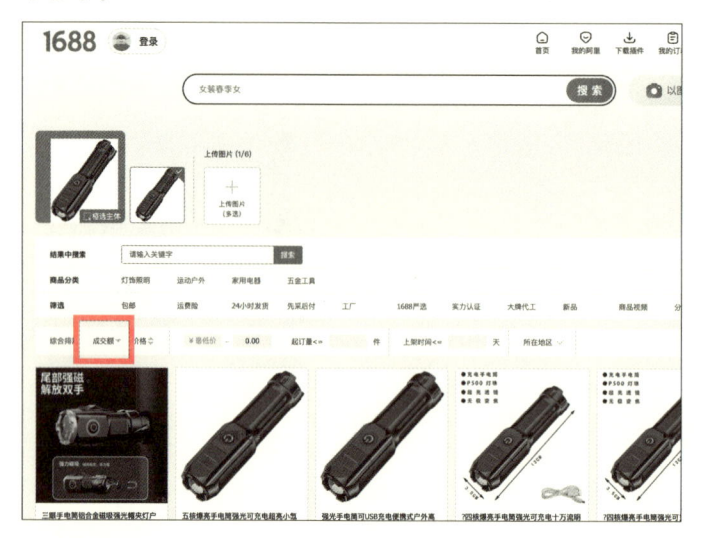

## ✿ 店舗運営歴とリピート率を確認する

　各商品のサムネイル画像の下部左側には「2年」「8年」といった年数が表示されています。これは、その店舗が何年運営されているかを示した物です。運営歴はおおよそ3年以上の店舗を選ぶと良いでしょう。

　また、通常年数の表記はオレンジ色ですが、赤色で表記されている店舗も存在します。赤色表記の店舗はアリババから認められている、という印なのでより信頼度が高まります。

　同じくサムネイル画像の右側には「復購率」という表記があります。こちらはリピート率を意味します。何度も同じお店で注文するという事は、商品に問題が無いという証拠です。リピート率の高さも参考に店舗選びを行いましょう。

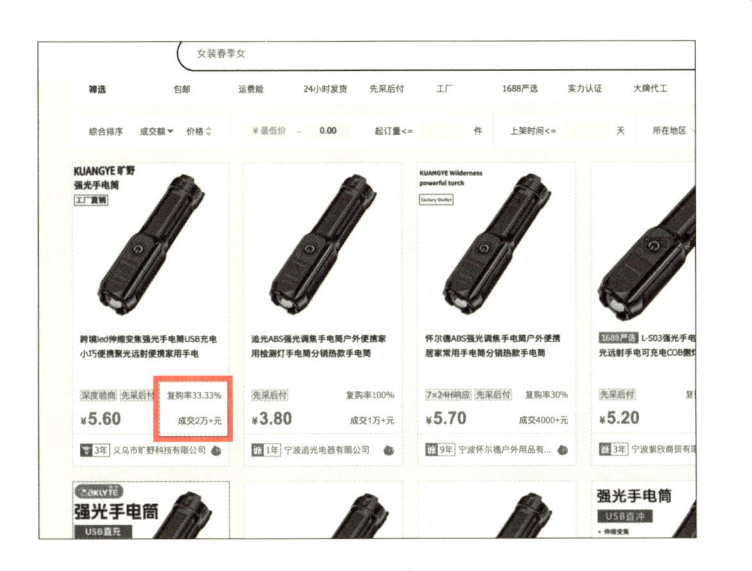

## ✿ 総合評価と直近取引数

　取引数と店舗運営歴、リピート率が問題無ければ、続いてサムネイル画像を左クリックして商品詳細ページへ移動しましょう。ここで注目する指標は「総合評価」と「直近取引数」です。

　総合評価はページ左上の店舗名の下に表示されている星マークです。「綜合服務」と表記され、5つの星でランク分けされます。少なくとも星3.5以上の店舗を選択する事が目安になります。

　直近の取引状況は、商品名の下に表示されている「一年内 ●●+ 盒成交」を見る事で確認できます。直近一年以内に何回の取引があったのか、数字で表記されています。全く取引がされていない店舗や極端に取引が少ないお店は選択肢から外すようにしましょう。

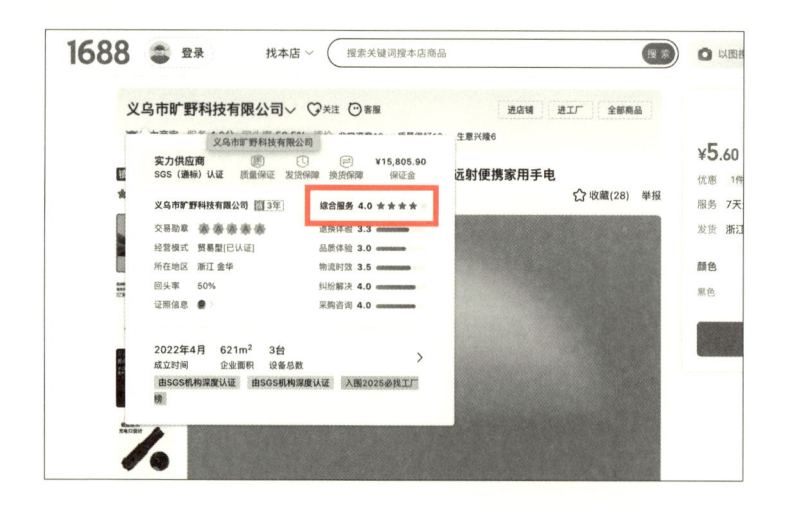

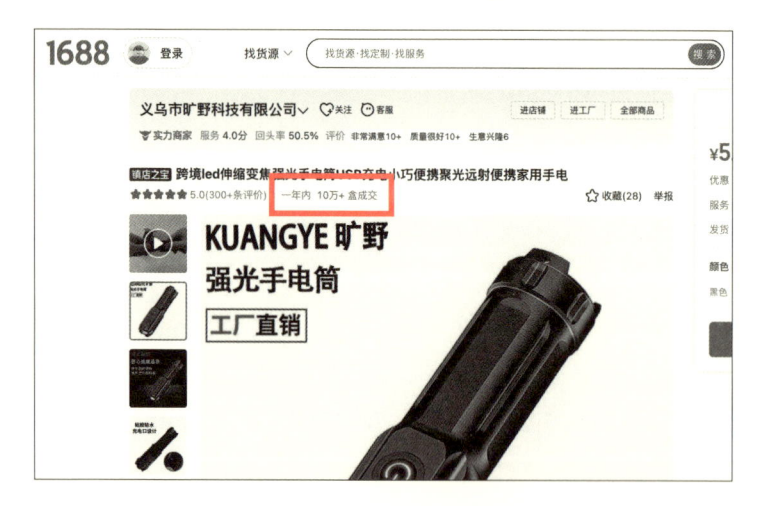

## ★画像検索を繰り返しても商品が見つからない場合は？

　画像を変更しても検索結果に同じ商品が見つからない場合は、あまり深く追いかけないようにしましょう。1つの商品に固執しすぎるとせっかくのリサーチ時間を無駄にしてしまいます。

　2、3回画像を変更してみて、それでも見つからない場合はサクッと諦めて、次の商品検索へ移りましょう。1商品に対する検索回数や時間を決めておくのも良い方法です。売れている商品はいくらでもあり

ます！

## ★店舗選びは5つのポイントをチェック！

- 取引数の多さ…取引の多い順に並び替える
- 店舗運営歴…3年以上運営している店舗を選ぶ
- リピート率…リピート率の高い店舗を選ぶ
- 総合評価…星3.5以上の店舗を選ぶ
- 直近の取引…90日以内に取引がある店舗を選ぶ

## 画像検索を右クリックで！ 便利な画像検索ツールの紹介

　ここまでで、4つのリサーチステップのうち「①売れている商品のリサーチ」「②仕入店舗のリサーチ」の前半2つが完了した事になります。

　前項ではあえて全て手動でリサーチする方法を解説しましたが、商品画像をキャプチャして画像検索して……など面倒な作業が多く、1つの商品をリサーチするのにかなりの時間を要したのではないでしょうか。

　そこで、画像検索の面倒な作業を一気に解消し時間を短縮できる本書オリジナルツールをご紹介します。

　本書オリジナルツール「チャイナリサーチ」は、中国の仕入先が簡単に検索できるツールです。メルカリでよく売れている中国商品を見つけたら、商品画像の上で右クリックして「画像検索」を左クリックするだけです。これだけで、自動的に右クリックした商品をアリババで画像検索してくれます。

　メルカリから画像を保存したり、アリババ上でアップロードする作業をしなくても良くなるのでかなり時間を節約できるようになります

リサーチと仕入れ完全攻略法

よ。本章末にツールのダウンロードリンクを用意していますのでぜひ
ご利用くださいね（無料でお使い頂けます）。

　いくら売れている商品であっても、中国の仕入れサイトに取り扱い
がなければ販売する事はできません。中国輸入商品っぽい物や気にな
る商品があれば片っ端から右クリックしてしまいましょう。

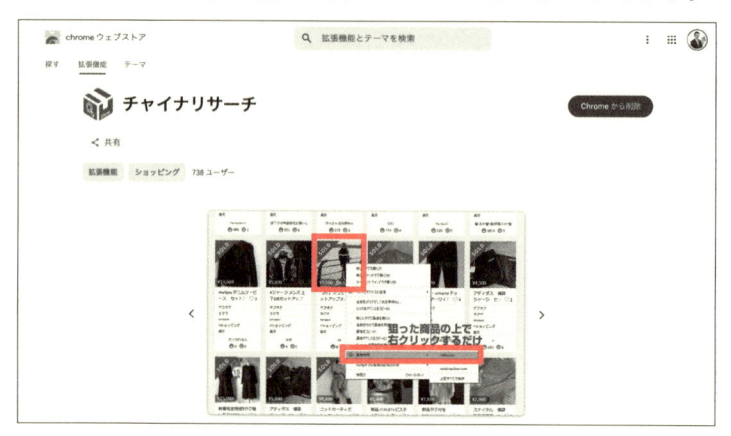

## 🌼 ツールが使えなくなったら？

　アリババやメルカリの仕様変更やサーバートラブル等でツールが一
時的に使えなくなってしまう場合があります。こういった際は慌てず
に、しばらく手動でのリサーチに切り替えましょう。

　「ツールが無いと何もできない人」になってしまうと、ツールにあな
たの売上を左右される事になってしまいます。ツールが使えなくなっ
て文句を言うのは簡単ですが何も変わりません。結局はあなたの売上
に打撃を与える結果となります。

　万一の際、ツールが無くても稼げる力を身に付けておいて頂くため
に、まずは手動でのリサーチ方法を解説しました。ツールがあなたの
代わりにどんな作業をしてくれているのか、を理解した上で有効活用
していきましょうね。

## ツールを使ったメルカリリサーチ

　チャイナリサーチと合わせて、メルカリリサーチに便利に使えるツールも用意しています。商品リサーチに必要な様々なデータをパソコンのメルカリ画面上に一括表示できるツール「メルストーカー」について解説します。

　メルストーカーを導入したパソコンでは、メルカリの検索結果画面に各商品の出品者名と評価数が表示されるようになります。評価が多ければ、その出品者は良く売れる商品を取り扱っているという事が一目で分かります。

　もし、リサーチをしてみたけれど、あまり売れていなかったり、利益率が低く良い商品が見つからなかった場合も、そこで諦めてしまう必要はありません。画面上に表示されている、評価数の多い中国商品出品者に注目しましょう。他にも売れる商品を持っている可能性が高いです。

　評価の多い出品者を見つけたら、まずはそのまま出品ページへ移動します。その後、プロフィールページへアクセスしてください。すると、その出品者が販売している商品一覧が表示されます。その中から良く売れている商品を探して、商品名で改めて検索してみましょう。「新品、未使用」、「送料込み（出品者負担）」、「売り切れ」の3点セットにチェックを入れて、何個も売れている事が確認できたら今まで通り仕入先リサーチに進みましょう。

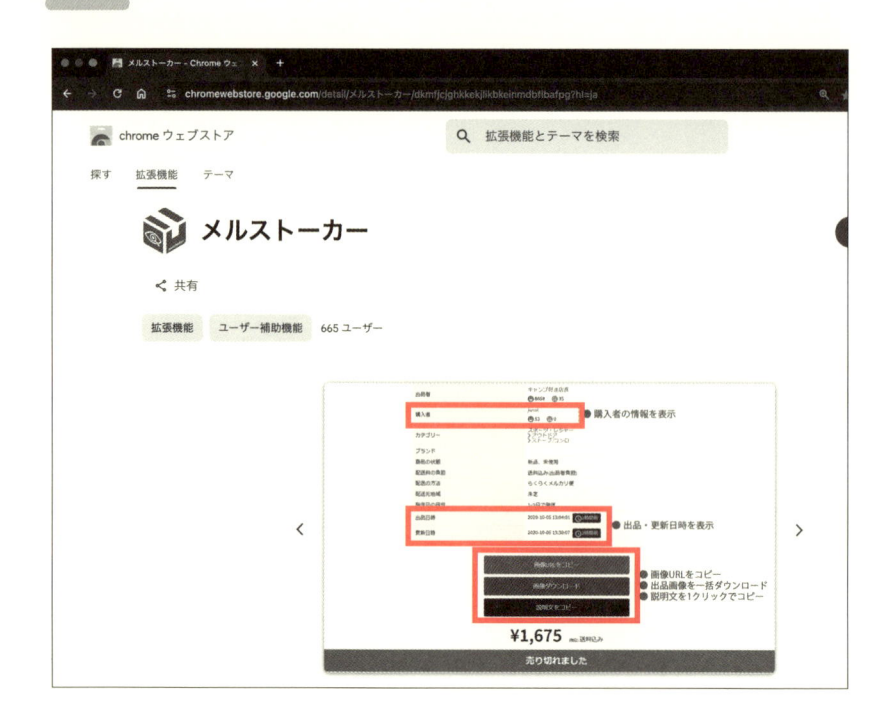

## メルストーカーを使ったリサーチ法

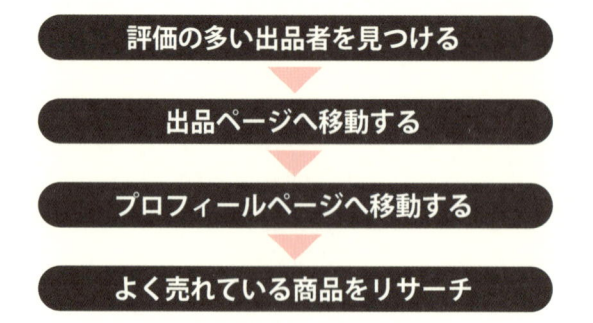

**評価の多い出品者を見つける**

**出品ページへ移動する**

**プロフィールページへ移動する**

**よく売れている商品をリサーチ**

## ❀ メルストーカーが表示されない場合は？

　稀にブラウザ上にメルストーカーが表示されない事があります。その場合は、ブラウザの更新ボタンを押して再読み込みしてみてください。数回再読み込みすれば正常に表示されるようになります。

# 不良在庫が発生しない、仕入れの極意

## 仕入れの前に！ライバルの分析方法

　ここからはリサーチステップ「③競合販売者のリサーチ」について詳しく解説します。メルカリで売れている商品が見つかり、仕入先も選定して利益が取れそうでも、それだけで仕入れてしまうのは厳禁です。その商品が「実際にどれくらい売れているのか？」「競合出品者（ライバル）は何人いるのか？」「ライバルのレベルはどれくらいなのか？」を詳しく分析せず見切り発車で販売を開始してしまうと、実は思ったよりも売れていなかったり、ライバルが多すぎて飽和状態になっている商品を取り扱う事になりかねません。そうなってしまってはせっかく仕入れた商品は不良在庫となってしまい、最終的には赤字処分を余儀なくされます。私の生徒さんでも不良在庫を抱えてしまう人の原因は、ライバル分析を怠っているケースがほとんどです。

　私達は競合出品者（ライバル）を分析する事を「ライバルチェック」と呼んでいますが、ライバルチェックは「中国輸入ビジネスで売上を上げる7か条」内に入る程、とても重要な作業です。
　ライバルチェックは仕入れ前、販売前、出品後など様々なタイミングで行う事になりますが、今回は仕入れ前のライバルチェックを完璧にマスターしていきましょう。

## 仕入れ前のライバルチェックとは？

仕入れ前に行うライバルチェックは「その商品を誰が、何個売っているのか？」を徹底的に分析する事を指します。分析結果の活用方法については後ほど詳しくお伝えするとして、まずはライバルの見つけ方とライバルの何をチェックしていけば良いのかをお伝えします。ご自身で「①売れている商品のリサーチ」「②仕入店舗のリサーチ」を行った商品をもとに実際に手を動かしながら進めてみてくださいね。

### ❶ライバルチェックシートを印刷する

私のスクールで実際に使用している「ライバルチェックシート」を用意しました。慣れないうちは手書きでライバル分析を行う事をおすすめします。ぜひコピーしてご利用ください。ボールペンを準備すればライバルチェックの準備完了です！

【メルカリ用ライバルチェックシート】

※ 本章末にExcelでご覧頂けるダウンロードリンクも用意しています。

### ❷メルカリでライバルを表示させる

メルカリを開き、①売れている商品のリサーチ時に使用した「商品

のメインキーワード」で検索を行います。その際、「新品、未使用」、「送料込み（出品者負担）」、「売り切れ」の3点セットチェックも忘れない様にしましょう。場合によってはリサーチ商品の販売価格帯周辺に価格を絞り込んでも良いでしょう。

　すると、リサーチ商品にそっくりな出品画像が何個も表示されます。同じ商品を販売している出品者達があなたのライバルとなります。

### ❸1週間（7日間）で売れている数を書き出す

　ライバルが表示できたら、各出品者のアカウント名、1週間（7日間）での販売個数、販売価格、配送方法と送料をライバルチェックシートへ記入していきます。

　ここで注意が必要なのはメルカリの仕様上、検索結果には売れた商品全てが掲載されるわけでは無い、という事です。同じ出品者が何度も同じ商品を短期間で販売している場合、検索結果にはまとめて1つ分として表示されてしまうので正確な販売個数が判断できないのです。

　そこで、検索結果からライバルの出品を見つけたらプロフィールページへアクセスします。プロフィールページでは売れた商品が全て正確に表示されています。上から直近で販売した順に列んでいるので、順番に同じ商品をカウントしていきましょう。

　同時に出品者名と販売価格、送料も書き出します。販売価格が異なる場合は平均値を記載しておきましょう。送料は出品ページの「配送の方法」欄を見る事である程度判断が可能です。らくらくメルカリ便やゆうパケットポストなど聞き慣れない言葉が入っている場合は、メルカリが用意している「配送方法早わかり表」を確認すると良いでしょう。未定となっている場合は他のライバルの発送方法を参考にしましょう。

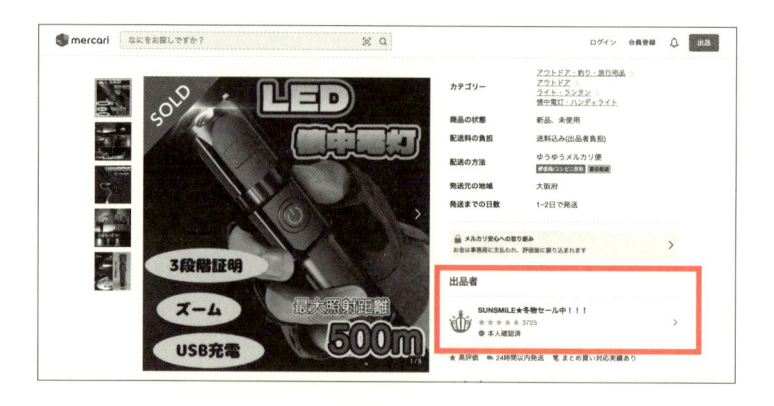

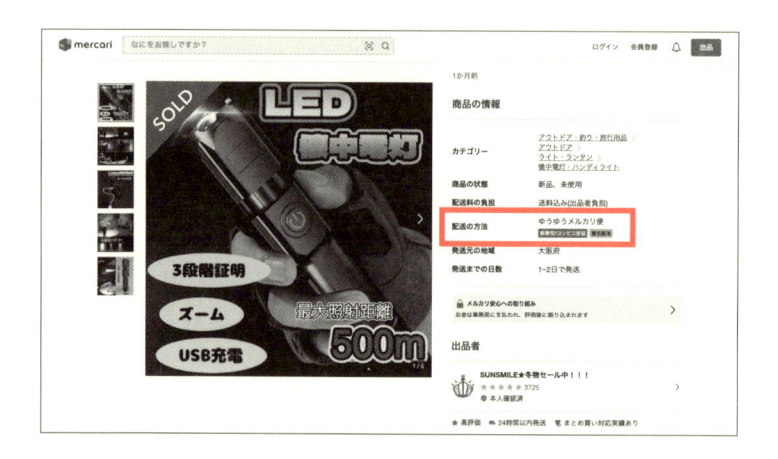

## 配送方法 早わかり表　小・中型サイズのものを送る時

| 配送方法 | 商品例 | サイズ（縦・横・深さ） | 全国一律料金（税込） | 通常配送 | 追跡 | 補償 | 発送場所 | 受取場所 |
|---|---|---|---|---|---|---|---|---|
| らくらくメルカリ便 ネコポス | 薄手の衣類、アクセサリー、コスメ、本、CDなど | 角型A4サイズ 23〜31.2cm以内　11.5〜22.8cm以内　3cm以内 | 1kg以内 210円 | ● | ● | ● | ヤマト営業所 セブン-イレブン ファミリーマート 宅配便ロッカーPUDO | 郵便受け |
| ゆうゆうメルカリ便 ゆうパケット | | A4サイズ　3辺合計60cm以内 長さ34cm以内 | 1kg以内 230円 | ● | ● | ● | 郵便局 ローソン スマリボックス | 郵便受け コンビニ はこぽす |
| ゆうゆうメルカリ便 ゆうパケットポスト | | 【専用箱】 32.7cm　22.8cm　3cm 【発送用シール】 3辺合計60cm以内、長さ34cm以内、かつ郵便ポストに投函可能なもの | 2kg以内 215円 ゆうパケットポスト発送用箱 65円 ゆうパケットポスト発送用シール 5円 | ● | ● | ● | 郵便ポスト | 郵便受け コンビニ はこぽす |
| ゆうゆうメルカリ便 ゆうパケットポストmini | | 【専用封筒】 21cm×17cm　かつ郵便ポストに投函可能なもの | 2kg以内 160円 ゆうパケットポストmini専用封筒 20円 | ● | ● | ● | 郵便ポスト | |
| 定形郵便 | ステッカーなど軽くて薄いもの | 定形封筒など 14〜23.5cm以内　9〜12cm以内　1cm以内 | 25g以内 84円 50g以内 94円 | × | × | × | 郵便局 郵便ポスト | 郵便受け |
| 定形外郵便 | 定形封筒に入らないもので軽いものやポスターなど薄手のものもOK | 規格内 34cm以内　25cm以内　3cm以内 規格外 3辺合計90cm以内 60cm以内 | 規格内 50g以内 120円 100g以内 140円 150g以内 210円　規格外 100g以内 200円 150g以内 220円 250g以内 300円 500g以内 350円 510円 710円 1,040円 1,350円 | × | × | × | 郵便局 郵便ポスト | 郵便受け |
| クリックポスト | | A4サイズ以内 14〜34cm以内　9〜25cm以内　3cm以内 | 1kg以内 185円 | × | ● | × | | |
| スマートレター | 本、CD、コスメ、アクセサリー、文房具など | 【専用封筒】A5サイズ 25cm　17cm　2cm以内 | 1kg以内 180円 | × | × | × | | |
| レターパックライト | | 【専用封筒】A4サイズ 34cm　24.8cm　3cm以内 | 4kg以内 370円 | × | ● | × | | 郵便受け |
| レターパックプラス | | 【専用封筒】A4サイズ 34cm　24.8cm　3cm以上も可 | 4kg以内 520円 | × | ● | × | | 対面受取 |

122

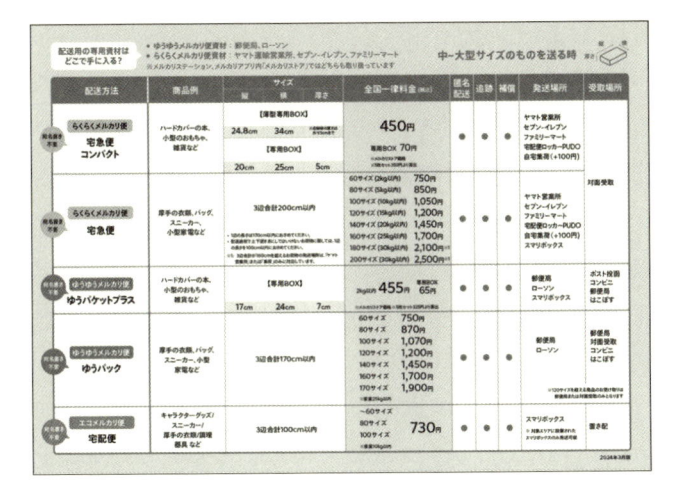

| 配送用の専用資材はどこで手に入る？ | 商品例 | サイズ 縦 横 厚さ | 全国一律料金 (税込) | 匿名配送 | 追跡 | 補償 | 発送場所 | 受取場所 |
|---|---|---|---|---|---|---|---|---|
| ●らくらくメルカリ便<br>宅急便<br>コンパクト | ハードカバーの本、小物のおもちゃ、雑貨など | 【薄型専用BOX】<br>24.8cm 34cm<br>20cm 25cm 5cm | 450円<br>専用BOX 70円 | ● | ● | ● | ヤマト営業所<br>セブン-イレブン<br>ファミリーマート<br>宅配便ロッカーPUDO<br>自宅集荷(+100円) | 対面受取 |
| ●らくらくメルカリ便<br>宅急便 | 厚手の衣類、バッグ、スニーカー、小型家電など | 3辺合計200cm以内 | 60サイズ (2kgまで) 750円<br>80サイズ (5kgまで) 850円<br>100サイズ (10kgまで) 1,050円<br>120サイズ (15kgまで) 1,200円<br>140サイズ (20kgまで) 1,450円<br>160サイズ (25kgまで) 1,700円<br>180サイズ (30kgまで) 2,100円<br>200サイズ (30kgまで) 2,500円 | ● | ● | ● | ヤマト営業所<br>セブン-イレブン<br>ファミリーマート<br>宅配便ロッカーPUDO<br>自宅集荷(+100円)<br>スマリボックス | |
| ●ゆうゆうメルカリ便<br>ゆうパケットプラス | ハードカバーの本、小物のおもちゃ、雑貨など | 【専用BOX】<br>17cm 24cm 7cm | 2kgまで 455円 専用BOX 65円 | ● | ● | ● | 郵便局<br>ローソン<br>スマリボックス | ポスト投函<br>コンビニ<br>郵便局<br>はこぽす |
| ●ゆうゆうメルカリ便<br>ゆうパック | 厚手の衣類、バッグ、スニーカー、小型家電など | 3辺合計170cm以内 | 60サイズ 750円<br>80サイズ 870円<br>100サイズ 1,070円<br>120サイズ 1,200円<br>140サイズ 1,450円<br>160サイズ 1,700円<br>170サイズ 1,900円 | ● | ● | ● | 郵便局<br>ローソン | 郵便局<br>対面受取<br>コンビニ<br>はこぽす |
| ●エコメルカリ便<br>宅配便 | キャラクターグッズ/スニーカー/厚手の衣類/調理器具など | 3辺合計100cm以内 | ～60サイズ<br>80サイズ 730円<br>100サイズ | ● | ● | ● | スマリボックス | 置き配 |

## 🌸 1週間分の判断方法は？

　売れた商品をカウントする期間は直近1週間（7日間）分です。販売日は各商品ページの商品説明文の最後に自動的に「○日前」などと表示がされます。「7日前」と表示されているところまでがカウント対象となります。

　プロフィールページに表示されている売り切れ商品を1つずつクリックして、詳細を確認していきましょう。

　1人の出品者のカウントが完了したら、検索結果に戻り1週間の販売個数がゼロのライバルに辿り着くまで作業を繰り返します。

## ❹ライバルの集計を行う

　誰が何個売っているのかのカウントが完了したら、その商品の売れ行きデータを集計します。ライバルチェックシート下にある販売合計や1ヶ月の販売予測を計算していきましょう。

　「7日間の販売数合計」はシート上部でカウントしたライバル毎の販売個数を合計すればOKです。ライバル数もそのままシートに記載した

ライバルの数を記入しましょう。

　特に重要なのは「一番売れている人」の欄です。ここには一番数を多く売っているライバルの名前を記入します。この出品者がまずはあなたの目標となります。沢山売っている人がどんな販売戦略を行っているのか。説明文には何が書かれているのか？　どんな出品画像なのか？　を参考にしながら、ライバルと同じ様に売れるように今後出品ページを作り込んでいく事になります。

　その下には、1人あたりの1日の販売個数を計算します。シートに書かれた通りの計算を行ってください。「最後の1ヶ月の販売予測数」については「7日間の販売数合計×4」と計算してシートに記入しましょう。

　以上が基本的なリサーチ時のライバルチェックのやり方です。今回記入したデータは実際の仕入れ時や出品時に非常に重要な内容となり

ます。この作業を丁寧にやるかやらないかが、今後のあなたの売上を左右します。なにより、不良在庫や赤字を回避するためには無くてはならないデータです。地味な作業ではありますが、必ず丁寧にこなすようにしてくださいね。

リサーチと仕入れ完全攻略法

# データ分析を元に仕入れを判断する方法

## 利益率を重視しよう

当然ですが、私達は商品の仕入れを行い、仕入れ値よりも高い値段で販売して差額が利益になるビジネスを行っています。だからこそ「利益が出る商品」を取り扱うことが最重要となるのですが、利益とはどれくらいの金額を想定すれば良いのでしょうか。もし、1円でも利益が取れれば大丈夫、という基準で仕入れをしてしまうと少しでも値下がりが起こったら赤字になってしまいます。かといって、利益を多く取ろうと高値に設定するといつまでたっても売れなくなってしまうでしょう。販売価格はその時々の相場で決まる事を忘れてはいけません。これを「適正価格」と呼びます。

適正価格で、売れ行きに支障が無く赤字転換のリスクを限りなく低減させるには、利益額では無く「利益率」で考える事が重要です。商品によって価格帯は様々です。一定額の利益を一律で設定をしてしまうと、低価格商品ではすぐに赤字転換してしまうリスクが高まります。各商品毎に最適な利益コントロールを行うには利益率という考え方が不可欠なのです。

## 利益と利益率の計算方法

利益率の計算をする前に、メルカリで中国商品を販売する際の利益はどの様に計算されるのかを覚えておきましょう。利益とは商品販売後、販売するための経費を差し引いて最終的にあなたが手にする金額

の事です。

　経費にはどんなものがあるでしょうか？　全ての経費を忘れずに差し引いていかないと正確な利益は計算できません。そこまで複雑では無いので、ここでしっかりと覚えておきましょう。

　まずは、商品を仕入れた時に発生する「仕入原価」が一番の経費となります。また、メルカリでは商品が売れると、販売価格の10%の手数料が発生します。販売手数料も必ず必要な経費なので忘れないようにしましょう。そこから、お客様へ商品を届けるための送料を差し引けばその商品の利益額が分かります。

**利益額の計算方法**

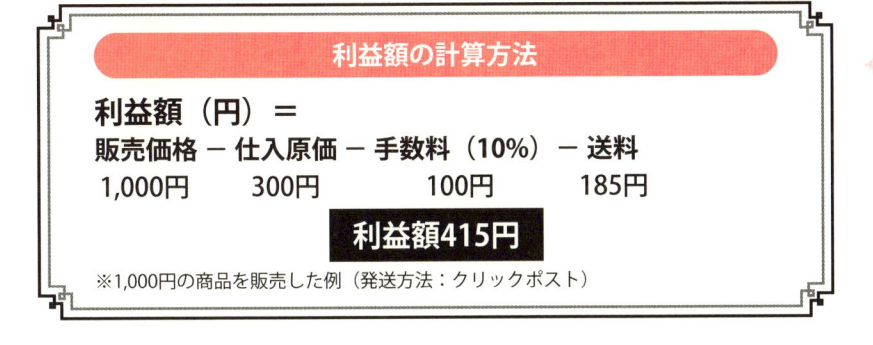

### 利益額の計算方法

利益額（円）＝
販売価格 − 仕入原価 − 手数料（10%）− 送料
　1,000円　　　300円　　　　100円　　　　185円

**利益額415円**

※1,000円の商品を販売した例（発送方法：クリックポスト）

　例えば、仕入原価が300円の商品を1,000円で販売したとします。販売手数料は商品価格の10%で100円、送料は185円だったとすると、1,000円から全ての経費を差し引いて、利益額は415円という結果になります。

　これら経費の数字は、今までのリサーチ中に全て用意されています。仕入れサイトやライバルチェックシートを確認しながら利益額計算の練習をしてみてくださいね。

## ✿ 仕入原価はどう計算する？

　仕入原価とは、中国の仕入れサイトでリサーチした商品を仕入れる際に必要な全ての経費の事を指します。仕入れ値はもちろん、代行会社に中国から日本へ送ってもらうための仕入れ手数料や国際送料も含みます。

　通常、仕入れは複数商品をまとめて発注する事になります。その中から1つあたりの仕入れ経費は……と計算するのはとても難しく時間のかかる作業となります。そこで、仕入れの判断をする際は概算で行っていきましょう。仕入原価の概算方法は、仕入れサイトに記載された仕入れ値を単純に30倍すればOKです。

　仕入れサイトでは、中国の通貨である「元」で表示されています。そのままの状態で30倍してください。掛け算した後の数字は日本円として考えます。30倍という計算は、私の経験の中から導き出した数字です。私達が取り扱うような価格帯やサイズの商品であれば、この計算で支障ありません。仕入れサイトを見ながらリサーチする際も、ざっくりと30倍してみる癖を付けておくと良いでしょう。

### 仕入原価の概算方法

**仕入原価の計算方法**

**仕入原価（円）**
**中国の仕入価格（元）× 30**
10元 × 30

**仕入原価300円**

※例えば、仕入値が10元であれば30倍の300円が仕入原価となる。
※中国人民元の為替レートにより変動する場合があります。

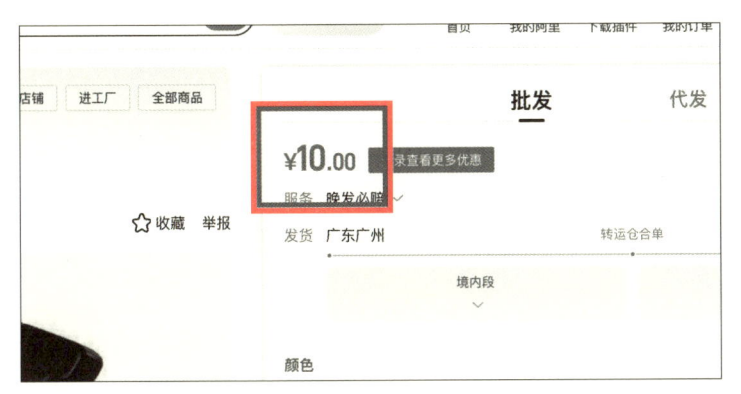

　では、最後に「利益率」の計算方法も覚えてしまいましょう。利益率は、利益額を販売価格で割り算する事で計算できます。例えば先程と同じく、販売価格1,000円で利益額が415円の場合、415円を1,000円で割ると0.415となります。ここに100を掛けてパーセンテージ表示にすれば41.5%という「利益率」が分かるようになります。

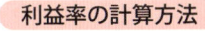

利益率の計算方法

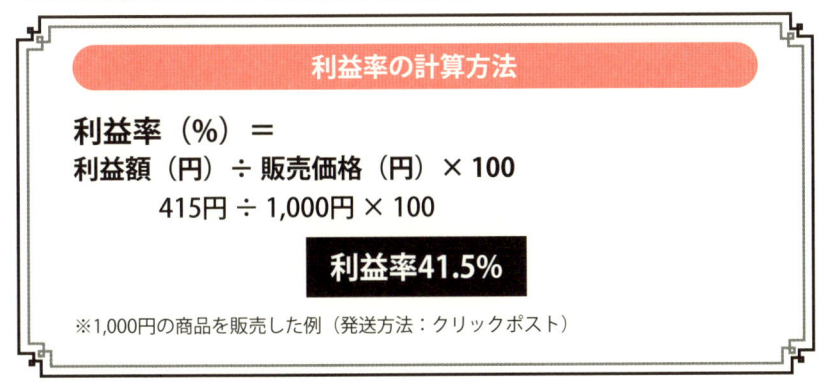

## 利益率30%以上を目安にしよう

　中国輸入ビジネスの場合、安定したキャッシュフローを実現させるために必要な利益率はズバリ30%です。もちろん、適正価格で販売し

てもそれ以上の利益率が取れるのであれば、わざわざ30%になるように値下げする必要はありません。利益率は高ければ高いほどビジネスが安定します。利益率40%、50%程度の商品であればゴロゴロ転がっています。宝探しのようにリサーチを楽しんでくださいね。

一方、すでに競合が多く参入している人気商品の場合はギリギリの利益率しか取れない場合もあります。利益率30%以上という基準は、あくまで目安であり絶対ではありません。もし、その商品が大人気でライバルも弱くて売れる事がわかっているのであれば、多少利益率が落ちていても仕入れOKという判断をする場合もあります。売れてはいるけれど、大人気という程では無いと言う場合はシビアに利益率30%以上を基準にする事をおすすめします。

ただし、いくら売れているからと言っても利益率25%を下回る商品は仕入れNGとしましょう。こちらは絶対条件です。利益率25%を下回ると、値崩れが起きて継続して販売する事ができなくなってしまった時に、すぐに手元に利益が残らなくなります。最悪の場合は赤字転換してしまうので注意してください。

## よく売れている商品をピックアップしよう

いくら利益率が高くても、売れ行きが鈍ければ現金には変わりません。健全なキャッシュフローを確保するには、仕入れた商品の出品開始後1ヶ月以内に売り切る事が理想です。そういった回転率の高い商品を中心に取り扱うようにしましょう。

回転率の良い商品だけをピックアップするには、リサーチした商品が1週間に何個売れているか？　に注目します。ライバルチェックシートの「7日間の販売数合計」を確認し、最低でも「1週間に15個以上

売れている事」を目安とします。

　販売価格も重要です。メルカリでは出品価格を300円から設定する事ができますが、あまりにも単価の安い商品ばかりを取り扱っていると薄利多売ビジネスとなり、時間が掛かるばかりで収益が上がりません。あなたの最低時給を担保するためにも、販売価格は1,000円以上の商品を取り扱いましょう。

**データ分析を元にした仕入判断基準**

### データ分析を元にした仕入判断基準

- ・1週間に15個以上売れている
- ・利益率30%前後
- ・販売価格は1,000円〜2,000円前後
- ・ライバルの数はあまり気にしなくてOK

## プランニングシートで仕入れ判断しよう

　本書では、リサーチしたデータを入力する事で総合的な仕入れ判断が行える「プランニングシート」を用意しています。プランニングシートデータをダウンロードし、入力例を参考に必要事項を入力していきましょう。

　販売価格や仕入れ値（元）、送料を入力するだけで先程解説した「仕入原価と利益率」も自動で計算してくれます。リサーチしたデータを入力すればわざわざ電卓を叩く必要も無く、知りたい情報やリサーチ結果を全てまとめて一画面で確認する事ができます。

　今後のリサーチ時は常にプランニングシートを立ち上げた状態で行うと良いでしょう。必要な項目を埋めていくだけで効率的にリサーチ

リサーチと仕入れ完全攻略法

する事ができます。また、利益率が低かったり販売数が少ないなど、仕入れ基準に満たない商品もシートを削除してしまわず、仕入れNGデータとして残しておきましょう。なぜ仕入れNGだったのか振り返る事ができれば、次のリサーチに活かす事もできるでしょう。以前はNGだった商品が良く売れるようになっていたり、利益率がアップしている事も良くあります。

リサーチを続けていると、過去にリサーチした商品が改めて目に付く場面が増えてきます。改めてイチからリサーチするよりも、過去のデータから再開する方が時間も節約できます。データをどんどん溜めていきながら、あなただけのリサーチネットワークを構築していきましょう。

プランニングシートは仕入れリサーチ時だけでなく、出品中やライバルチェック時にも役立ちます。販売価格戦略やライバル動向について、新商品リサーチ時のヒントなど様々な用途で活用していきますので、出来上がったプランニングシートはPCの専用フォルダへ保存したり、プリントアウトして管理しておく事をおすすめします。

| 【「FBC」プランニングシート】 リサーチ結果・ライバルチェック・配送方法・仕入原価・利益計算・販売戦略 | | | | | | | | |
|---|---|---|---|---|---|---|---|---|
| メルカリ商品名(必須) | | | | | | | | |
| 販売履歴一覧(必須) | URL | | | | | | | |
| 販売価格 | | 〜 | 一番売れている価格(必須) | 1番のライバル(必須)※一番売れている人のURL | | ライバル数 | ライバルの強さ | |
| ヤフオク商品名(必須) | | | | | | | | |
| 落札履歴一覧(必須) | URL | | | | | | | |
| 販売価格 | | 〜 | 一番売れている価格(必須) | 1番のライバル(必須)※一番売れている人のURL | | ライバル数 | ライバルの強さ | |
| 販売実績(必須) | メルカリ販売数(1週間) | ヤフオク販売数(1ヶ月) | 合計販売数(1ヶ月) | 0.0 | メモ | | | |
| 配送方法予測 | 定形郵便(84/94円)・定形外郵便(120/140/210円〜)・メルカリ便・ヤフオクおてがる版・クリックポスト(185円)・宅急便(送料500円以上) | | | | | | | |
| 重量(予測)g | | 厚さ(予測)cm | | 送料確定(必須) | | メモ | | |
| 仕入先情報(必須) | URL | | | | | | | |
| 仕入価格(元)(必須) | | 1 | 1個あたり(円) | ¥20 | 個(個円) | ¥0 | 輸入代行費込み概算※個別には計算しない | ¥0 |
| 販売予定価格(必須) | | 販売手数料10%(メルカリ) | ¥0 | 送料 | ¥0 | 予想利益(利益率) | | ¥0 |
| | | 仕入原価 | ¥0 | 経費合計 | ¥0 | | | #DIV/0! |
| 販売理想価格(任意) | | 限界(最低)価格(自動計算) | ¥0 | 限界価格の利益 | ¥0 | 限界価格の利益率(固定) | | 20.00% |

※プランニングシートはMicrosoftのExcelファイルとなります。

# 04 効率的なテスト仕入れで先回りしよう

## 仕入れ注文したら今すぐやること

### ❶ 商品画像データを集める

　まずはメルカリに出品するための画像データ収集からはじめましょう。アリババの仕入れページから出品に使えそうな写真画像をダウンロードすればOKです。商品の特徴や使用している様子がイメージできるような画像をピックアップしていきます。

　仕入れページの画像の上でマウスを右クリックすれば画像保存する選択肢が表示されます。深く考えずに良さそうだと思った画像はとりあえずダウンロードして、商品毎にフォルダを整理しながら保存していきましょう。

### ❷ よく売れている出品者の出品方法を真似る

　プランニングシートやライバルチェックシートに記入したよく売れている出品者の商品ページを参考に、商品タイトルや説明文を作成していきます。

　商品タイトルは検索キーワードを意識しながらキーワードを盛り込んでいきます。説明文は複数のよく売れているライバル出品者の文章を参考にしながら、商品の特徴、スペックやどんな人におすすめの商

品か？　など漏れが無いようにまとめていくイメージで作ってみましょう。

　ただし、ライバルの出品ページの写真を流用したり、タイトル、説明文の丸パクリは厳禁です。他の出品者やメルカリに迷惑がかかるばかりか、メルカリアカウント停止の原因にもなりますので絶対に行わないでください。

## ❸よく売れている出品者から購入してみる

　画像の収集と出品ページ作成と同時に、よく売れているライバル出品者から商品を購入してみましょう。注文した商品が届く前に、サンプルを1つ手に入れる事ができます。

　ライバルから購入する事で、実際の配送方法や送料、梱包方法など全ての情報が手に入ります。また、メルカリでは手元にある商品写真の掲載が必須です。購入した商品の写真を撮る事で、仕入れた商品が届く前に全ての出品準備が整うのです。

## ❹ライバルから購入した商品を売ってみる

　最後に、ライバルから購入した商品を早速出品してみましょう。すぐに売れればリサーチの答え合わせは完了です。手数料分はマイナスになりますが、ライバルから購入した経費は売り上げとして返ってきますし、出品者としての評価も得る事ができます。

　上記1〜4までの一連の作業は注文後すぐに行いましょう。目標は注文してから3日以内です。仕入れた商品が届く前に準備が整っていれば、すぐに本番の販売を開始できます。販売スピードや売り上げを大きく左右する「大切なお仕事」です。一気に進めてしまいましょう！

**仕入れた商品が到着するまでの過ごし方**

| ❶注文後すぐに商品画像データを集める |
|---|
| アリババから商品画像をダウンロードする |

▼

| ❷売れている出品者の出品方法をまねる |
|---|
| 商品タイトル、説明文を作成する |

▼

| ❸ライバルから商品を購入する |
|---|
| 配送方法、送料、梱包方法、手元画像を手に入れる |

▼

| ❹ライバルから購入した商品を出品する |
|---|
| 売り上げと評価の獲得 |

**商品到着前に全ての準備と
テスト販売が完了できる！**

## 出品が待ち遠しい状態を作ろう

　仕入れから出品までの一連の作業は、リサーチと仕入れ後の商品知識がピークの時に一気に済ませてしまいましょう。商品に対する知識とやる気が一番の状態で作業すれば一番良い出品ができ、売り上げスピードや利益も高まるでしょう。

　第2章でお話しした「中国輸入ビジネスで売上を上げる7か条」を覚えていますか？　「何よりも出品作業が最優先」です！　出品を後回しにしていてはいくら儲かる商品を仕入れてもお金に変わる事はありま

リサーチと仕入れ完全攻略法

せん。

　中国から商品が到着する前にテストを完了させ、「早く商品が届かないかな」と待ち遠しい状態で作業を進められるようにしましょう。すると、自ずと「行動を後回しにしない癖」を付ける事ができます。

　逆に、作業を後回しにする癖が付いてしまうと何も進められず、やる気も売上も上がりません。あとは待つだけ、という状態と「早くやらなければ」という焦りばかりがつのる状態では精神的にも大きな差が生まれます。

　ご自身のコンディションも最高の状態でビジネスを進められるよう、行動が早い人を目指し常に先回りする事を心がけましょう。

**第四章特典：「チャイナリサーチ」「メルストーカー」「ライバルチェックシート」「プランニングシート」**

五章

# 毎日売れる！
# 出品テクニック

# メルカリで売れる商品 タイトル、説明文の作り方

## 検索キーワードとは？

　改めて解説すると、検索キーワードとはメルカリの検索窓で商品を探す際に入力する語句の事です。何か買い物がしたいと思っている人は、検索窓に商品のキーワードを入力して欲しい商品を探していきます。この検索キーワードをできるだけ多く商品タイトルに盛り込んでいく事で、沢山のお客様があなたのお店に訪れるきっかけを作ってくれるのです。

　商品タイトルや説明文に検索キーワードが含まれていないと自分の商品ページが購入者に表示されません。

　例えば、腕時計を販売するとしましょう。商品タイトルに「時計ウォッチ」とだけ登録すると、「デジタル時計」と検索した人には表示されません。他にもデジタルウォッチ、メンズ時計と検索しても非表示となり、多くの販売機会を逃す事となります。この場合は「時計　デジタル　ウォッチ　メンズ……」とキーワードを並べる商品タイトルが正解となります。

　検索キーワードが意識されていない商品タイトルは、いわば人通りの無い商店街でお店を出すようなものです。検索キーワードをしっかりと盛り込んで、活気に溢れたショッピングモールにあなたの商品を並べられるようにしましょう。

> ## 検索キーワードを意識しよう
>
> ● 「検索キーワード」とは？
> メルカリの検索欄で商品を探す際に入力する語句のこと
>
> ・出品時のタイトル（説明文）に検索キーワードが含まれて
> いないと自分のページが購入者に表示されない

## 売れる商品タイトルの作り方

　売れる商品タイトルとは、お客様が実際に検索しているキーワードをより多く盛り込んでいく事で完成します。どんな検索キーワードを入れ込めば良いのかわからない場合は、売れている出品者の商品タイトルを参考にしましょう。売れている人順に見ていけば、必ず入っているキーワードが見つかるはずです。そのキーワードをメルカリの検索窓に入力すると「サジェスト」と言われるキーワード候補も自動で表示されます。売れる商品タイトルはライバルやサジェストのキーワードを入れるだけで作る事ができるのです。

　逆に言えば、検索されない余分なキーワードを商品タイトル内に入れる事は無駄な行為でしかありません。メルカリの商品タイトルには40文字までという文字数制限があります。この40文字を無駄無く効率的に使い切る必要があるのです。

　例えば「動作確認済み、値下げ、お得、送料無料」等の文面は良く見られる間違いです。これらの単語は商品状態や価格、配送など出品商品をより詳しくを伝えるために必要な情報ではありますが、検索されるキーワードではありません。こういった文章は商品説明文の方へ

記載します。商品タイトル内に星やハートマーク、エクスクラメーションマークなど記号等も不要です。

**売れる商品タイトルの作り方**

### 売れる商品タイトルの作り方

- メルカリの商品タイトルは40文字まで
- 売れる商品タイトルは検索キーワードだけを盛り込む
- 記号や誤解を招く表記は記載しない
- 検索キーワードを半角スペースで区切って並べていく

また、商品について誤解を招くようなキーワードも避けるようにしましょう。例えば、フェイクレザー商品なのに本革と記載したり、ブランド品では無いのにブランドや有名メーカー名を載せるのは後々トラブルやクレームの原因になり、迷惑と手間だけがかかる事になります。検索されるキーワードだけを意識して、半角スペースで区切りながら文字数ギリギリまで盛り込んでいきましょう。

## 売れる説明文の作り方

メルカリでは商品説明文の内容も検索対象となります。商品タイトルに入りきらなかったキーワードや、商品情報の補足をしてあげるのが商品説明文の基本的な考え方です。

ただし、商品タイトルのようにキーワードの羅列だけを記載するのは規約違反です。キーワードを使いながら自然な文章を作るよう心がけましょう。よく売れている複数のライバル出品者の説明文を参考に、良い部分をつなぎ合わせてリライトするのも良いでしょう。丸パクリは迷惑行為となるので厳禁です。

また、商品の色や仕様、サイズ、素材、商品の特徴なども端的にまとめて分かりやすく記載します。商品に対する疑問や不安が残ると、せっかくアクセスしてくれたのに離脱する原因になったり、質問コメントが増えて対応に追われる事になります。お客様に疑問や不安が残ると購入されない、という点を意識しながら説明文を作り上げていきます。

　商品タイトルと同じく、商品と関係の無いブランド名や素材など誤解を招くような表記は避けましょう。文の長さや改行も上手に使いながら、見やすくわかりやすい説明文を目指しましょう。完成したら、一度声に出して読んで見ると修正点が見つかりやすいですよ。

　他にも、商品の状態や配送日数、返金返品についてなど、販売者都合の注意書きをあまりにも多く記載しすぎると購入されない原因となります。注意書きは簡潔かつ最低限で説明文の最後に記載しましょう。詳しい注意書きはプロフィール欄に掲載し、プロフィールページを確認するよう説明文の中で案内する形がおすすめです。

### 売れる商品タイトル・説明文作りのポイント

**売れる商品タイトル・説明文作りのポイント**

- 検索キーワードを意識して商品名と説明文を組み立てる
- キーワードは売れている出品者や検索候補から抜き取る
- 説明文は商品情報の詳細と発送方法を記載する
- お客様が疑問や不安に思う事を分かりやすく記載する
- 出品者都合の注意書きは最低限にとどめる

毎日売れる！　出品テクニック

# SECTION 02 出品説明文テンプレートの使い方

## 購入者が欲しいと思える商品説明を作ろう

テンプレート内には各セクション毎の簡単な解説が記載されています。丸括弧内が解説文となっているので、狙いを理解しながら内容を入力していってください。

まずは「商品説明」セクションです。ここでは、その商品を使うとどうなって、どんな良いことがあるのか？　というメリットを記載します。便利になるシーンや悩みが解決できる事がイメージできるようなるべく具体的に書いていくと良いでしょう。

例えばアクセサリーであればコーディネートや使用場面、アウトドア商品であればキャンプやバーベキューのどのタイミングで活躍するのかなど、お客様が使用シーンをリアルに想像できるように文章を作成していきます。

また、商品の細かい機能や特徴も合わせて記載します。機能、特徴は短く簡潔に改行や空白行を挟んで箇条書きにしましょう。お客様にとって読みやすくて理解しやすい文章構成にする事で商品購入率が高まります。

商品説明セクションは説明文のメインとなります。商品説明の内容次第で購入率が左右されますので、800文字程度を目安にしっかりボリュームを持たせるようにしましょう。

## 商品詳細でコメントや質問を極力減らそう

　続いて「商品詳細」セクションです。商品説明セクションと何が違うの？　と思われるかもしれませんが、こちらは商品そのものの特徴やスペックを記載します。商品説明では商品を使った先にある「便利になった様子」や「購入するメリット」などイメージ中心に記載しましたが、商品詳細では、実際の商品の状態を記載していきます。

　例えば、サイズやカラー、重さ、内容物、内容量など具体的な商品詳細を入力します。付属品は何があるのか、逆に付属しないものは何なのかも明確に表記しておく事で購入後のトラブル防止にもなります。

　また、発送についても詳しく記載しておきましょう。発送手段は何なのか、いつ発送されるのか、到着までの日数の目安、ポスト投函なのか手渡しなのかなど全て表記しておきましょう。配送方法の変更は受け付けない、という旨も記載しておく事をおすすめします。

　お客様からのコメントや質問で一番多いのは、「いつ届きますか？」「何で送りますか？」「発送方法を変更してください」といった発送に関する内容です。あらかじめ発送の詳細を説明し、質問や要望を受け付けないように商品詳細セクションを作り上げていくのがポイントです。

## 出品者側の要望は必要最低限に！

　説明文の最後には購入時の注意事項やお願いについて記載します。ポイントは出品者側からの要望は、必要最低限に簡潔にまとめる事です。出品者側都合の注意事項があまりにも多く記載されていると、購入を躊躇する原因となります。あくまで購入者側目線から注意事項やお願いをする形にしましょう。

　まずは「初期不良は誠実に対応します。受取評価前にご連絡くださ

い。」など、問題があった際は対応する旨を記載し、お客様に安心して購入頂けるよう促すところからはじめるのがおすすめです。

　その後、専用や取り置き、同梱などは対応していない旨や、そのまま購入OKなど無駄なコメントや問い合わせが入らないような対策を表記します。

　最後に購入時にどうしても注意してほしい特記事項を簡単に入力して終了です。どの商品にも当てはまる注意事項についてはプロフィール欄へ記載しておき「プロフィールをご確認ください。」と万一トラブルになった際の対策をしておきましょう。

　以上が出品説明文テンプレートの使い方です。お渡しするテンプレートには入力例も載っています。テンプレートの解説だけではよくわからないという場合は入力例も参考しながらイメージを掴んでみてくださいね。

　テンプレートはあくまでも説明文の土台となる部分だけを提供しています。何よりもまずは素早く出品してみる、説明文を作ってみる。という足掛かりになるようご活用ください。確認セクションの文章についてはライバル出品者の内容も参考にリライトするのも良いでしょう。

　テンプレートを使って説明文作成に慣れていく中で追加や修正を繰り返しながら、自分だけの売れる出品説明文テンプレートを作り上げていきましょう。

## メルカリのコメント対応〜取引連絡・評価まで

　いくらコメントの入りにくい出品説明文を作っても、メルカリでは販路の特性上どうしてもコメント対応は避けられません。ただ、コメント対応を丁寧にやりすぎて、かえってコメントや問い合わせが増え

てしまう、という方が見受けられます。

　本項では、極力シンプルにコメント対応を行う方法と共に、商品販売後の取引をトラブル無くスムーズに進める方法を解説します。特に初心者の方はコメントと取引連絡で無駄な時間を取ってしまいがちです。売り上げに直結する作業に集中できるよう、やり取りのポイントをしっかり抑えておきましょう。

## 鉄則！コメント対応には時間を割かない

　コメント対応でまず一番に意識して欲しいのは「コメントに時間をかけるのは売り上げを伸ばす行動では無い」という事です。

　コメントはやり取りを行えば行う程連鎖が起こるものです。出品商品が少ないうちはお客様とのコミュニケーションが楽しいと感じるかもしれませんが、あなたは今後毎日数十件の販売をこなしていく事になります。そうなるとコメント対応だけで1日が終わってしまい、他の重要な作業時間を圧迫する事になりかねません。

　あなたはSNSで会話をしている訳ではありません。物販ビジネスをしているという事を忘れずに、コメントには時間を使わないという鉄則を覚えておきましょう。

　前項でもお伝えしましたが、出品説明文に不足があると商品内容や配送についての質問コメントが入りやすくなります。まずはお客様にスムーズに購入して頂ける商品説明文を作るのがコメントを極力入らなくする最も有効な方法です。

　出品した商品にコメントが入っていると、他のお客様が購入しずらくなるというデメリットも発生します。出品説明文に不足が無いか定期的に見直す癖を付けておくと良いでしょう。不足に気がついた場合はテンプレートも更新しておきましょう。

　また、メルカリ独自の文化として、商品前に「購入しても良いです

毎日売れる！　出品テクニック

か？」という確認コメントが入る場合があります。わざわざ購入確認して頂く必要はありませんので、出品説明文のはじめに「購入前のコメントは不要です」と明記しておいて無駄なやり取りを減らす対策をしておきましょう。

### ✿ 雑な顧客対応でOKという意味ではありません！

コメント対応に時間をかけないというのは、雑な顧客対応を勧めるものではありません。なるべくコメントや質問が入らない準備を整えて、お客様にスムーズに購入まで進んで頂くという事なので勘違いしないようにしましょう。必要なコメントには素早く返信できるようコメントテンプレートを用意しておくとよいでしょう。

また、商品購入後は本当のお客様となります。その後のメッセージ対応は特に丁寧に行うように心がけましょう。

# スムーズかつ丁寧に
# 取引連絡を行うには？

## 商品購入後は2種類のパターンがある

　商品が購入された後に私達が対応するパターンは「支払い待ちになる」「発送待ちになる」という2種類に分けられます。

### ❶支払い待ちになった場合

　「支払い待ち」とはお客様が購入ボタンは押したものの、まだ支払い手続きは済んでいない、という状態を指します。

　すぐに支払って頂けない場合、そのままこちらから何もせず待っていると一向に支払いがされず、無駄な時間を過ごす事になりかねません。商品管理の手間も増えてしまうでしょう。

　そこで、支払い待ち状態になっているお客様には「ご購入ありがとうございます。お支払い確認後発送するので、期限内にお支払いをお願いします。」といったメッセージを一言送っておきましょう。メッセージを送らないとなかなか支払って頂けない方もいらっしゃいます。まずは挨拶がてらメッセージを送信しておきます。

　少数ではありますが挨拶メッセージを送っても支払いがされず、支払い期限が過ぎてしまうパターンも存在します。そういった場合はもう一度メッセージを送りましょう。「支払い期限が過ぎています。本日中にお支払い頂けない場合は、残念ながらキャンセルとさせて頂きま

す。」といった内容が良いでしょう。

　すると、未払いに気がついて支払が行われる場合があります。それでも支払いが無い時は機械的にキャンセル処理を行いましょう。

## ❷ 発送待ちになったら？

　支払いが済むとメルカリ上のステータスが「発送待ち」に変わります。また、購入後すぐに支払って頂けた場合は即「発送待ち」表記となります。お客様の支払いのタイミングによってスタートするステータスが2パターンになりますが、「発送待ち」表示を確認したらその後の作業行程は同じです。

　「発送待ち」を確認したタイミングでも、1通メッセージを送ります。お客様からしたら、支払いをしたのに何の連絡も無く待ち続けるのは不安を感じる原因となります。「お支払いありがとうございます。○日以内に発送します。」と、お礼と発送について簡潔にメッセージを送りましょう。発送待ちのお客様全員に送る事がポイントです。

　特に、メッセージ送信の遅れはクレームの原因となります。1日に2回はメルカリの取引メッセージを確認し、送信漏れが無いように心がけましょう。

## ❸ 発送連絡で無駄なやり取りを無くそう

　商品の発送が完了したら「お待たせしました、○○で発送しました。」とメッセージを送ります。合わせて、到着日数の目安や手渡しかポスト投函か、など商品到着についても記載しておきましょう。

　普通郵便で送る場合は土日祝日は郵便局の配送がお休みになるので、時間がかかる場合がある事もご案内しておくと良いでしょう。購入後

のお客様からのメッセージで最も多いのが、発送や商品到着について
です。先にこちらからお客様の不安や疑問の答えをメッセージしてお
く事で、無駄なやり取りが減り、安心感を与える事もできます。

　発送連絡と商品到着の目安がわかればそれ以上何も言ってくる事は
無いでしょう。支払いから発送までに最大3通のメッセージを送る事
となりますが、大枠のテンプレートを作っておけばすぐに送信可能で
す。これ以上メッセージのやり取りをする必要が無く、相手から返事
を送らせない内容で、効率的かつ丁寧な取引を完成させましょう。

### 取引連絡について

**取引連絡について**

〇購入 ➡ ①支払待ち ➡ ②支払催促 ➡ ③発送待ち ➡ ④発送
〇購入 ➡ ①支払完了 ➡ ②すぐに発送

・すぐに支払われない時／期限を過ぎた時に注意
・お支払いありがとう〜〇日以内に発送します〜〜〜とメッ
　セージ（待ち続けるのは不安）
・お待たせしました、〇〇便で発送しました、到着目安は
　〜（発送＆到着目安で安心）

### ✿ 重要なのはイレギュラー対応！

　上記の流れに沿って順番にメッセージを送る事で、最も手間がかか
らず効率的かつ質問やクレームが起こりにくい取引が行えるでしょう。
ただし、それでもイレギュラーな事態が発生する事もあります。

　基本的な取引の流れから外れるようなメッセージがあった場合は要
注意です。多くの場合はクレーム対応となります。クレームメッセー
ジに気が付かず、返信や対応が遅れるとメルカリからペナルティを受
ける事があります。最悪の場合は出品制限がかかってしまうので、常

一章　二章　三章　四章　五章　六章　七章

毎日売れる！　出品テクニック

にメッセージは確認する癖を付けながら、丁寧な対応を心がけましょう。

　悪意が無くとも、メッセージの返信が遅れると相手はどんどん興奮していってしまいます。なるべく穏便に済ませるためにも素早く返信するようにしましょう。とはいえ、イレギュラーな事態が起こらないようにするのが本項で解説した取引法です。トラブルはほとんど起こりませんので安心して出品を続けてくださいね。

## 評価は気にせず素早く取引完了を

　商品が到着するとお客様から「受取評価」が行われます。出品者側も評価を行い全ての取引が完了します。評価には「良かった」と「残念だった」の2つの選択肢があり、基本的には良い評価が付いて取引完了になりますが、稀に細かい部分を指摘されたりして悪い評価がつく事もあります。こちらに非が無く、商品も無事到着している場合は悪い評価が付いても気にする必要はありません。

　ただし、悪い評価が続く場合は出品者側に問題があるかもしれません。評価コメントを確認して何が悪かったのかを検証して改善しましょう。

　出品者側からの評価は「良かった」で統一します。それぞれの取引を思い出して、評価の選別をするのは時間の無駄です。評価欄にコメントを入力する事もできますが、こちらも基本的には不要です。良い評価を付けておけばコメントが空欄でも文句を言われる事はありません。

　あなたは今後沢山の取引を行うことになるので評価に時間を掛けていられません。評価は機械的に行い、どんどん取引を完了させて売上金を手に入れましょう。

　なお、こちら側に不手際が無く商品も説明通り届いているのに、細

かい事やどうにもならないような事で悪い評価を付けてくる人には、もう購入して欲しく無いものです。今後取引をしなくても良いように「残念だった」を付けてきた人はブロックしておく事をおすすめします。

　ブロックしておけば二度と取引する事はありません。これ以上はこちらも追求しないようにしましょう。

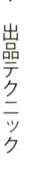

毎日売れる！　出品テクニック

# 適切な配送方法で
# 利益と効率を高めよう

## 配送方法選びの重要性

　あなたは、売れた商品の配送方法をどのように決めていますか？「自宅近くに特定の配送会社があるから全て同じ配送方法を使っている」「匿名配送で宛名書きも不要だからメルカリ便ばかり」「よくわからないから、知っている配送方法しか使った事がない」ネット物販ビジネスを始めたばかりの方は、こういった状況に陥りがちです。

　確かに、発送方法には様々な手段があり、条件やメリットデメリットを明確に把握するのは難しくて面倒かもしれません。しかし、よく調べないでなんとなく配送方法を選択していると、もっと安くて効率的な発送方法がある事を見逃してしまいます。すると利益や効率を圧迫する事になります。同じ価格で売っているのに、ライバルは利益が取れていて、自分は送料が高くて赤字になってしまう、といった事態を防ぐ為にも適切な配送方法の選択はとても重要です。

## その配送方法、本当に効率的？

　本項の目的は、利益と効率を高めるための適切な配送と梱包方法を選択できるようになる事です。

　と言うと、宛名書き不要のメルカリ便を思い浮かべる方も多いようです。確かに、わざわざ手書きする必要も無く匿名で、スマホをかざすだけで発送処理ができてしまうスキームは便利に思えるかもしれません。不用品を販売しているようなメルカリライトユーザーには最適な配送方法でしょう。

しかし、私達はメルカリをビジネスとして運営する立場にあります。そこに便利さの落とし穴があるのです。例えば、配送時のQRコードの読み取りは量が増えると意外と時間がかかり不便さを感じてきます。コンビニ等に持ち込み、複数商品の発送作業をしていると、いつの間にか自分の後ろに長蛇の列ができていて、他のお客さんに迷惑をかけてしまった経験が私もあります。

そして何より、メルカリ便は自分のスマホが無いと操作ができません。つまり「外注化ができない」のです。

とはいえ、メルカリ便が全て駄目だと言っているわけではありません。後ほど紹介しますが、商品によっては大きなメリットになる配送方法も存在します。このように同じ配送方法の中にも条件や配送方法が細かく分かれていて、メリットとデメリットが混在します。

配送料や梱包手段、ビジネス規模など様々な角度から適切な配送方法を見極める必要があるのです。

## 日本郵便（郵便局）を活用しよう

私達が取り扱うような小型商品の発送に最も適しているのが日本郵便（郵便局）です。特に軽いものや薄いものは「定形郵便」を利用するのがおすすめです。

定形郵便の最大サイズは縦23.5cm×横12cm×厚さ1cmまでとなります。大きさは銀行ATMに置いてある封筒と同じくらいだと思っておけば良いでしょう。重さは、50gまでを110円で送る事ができます。例えば、釣具の金具や指輪、シールなど販売価格が安くて小型商品を送る際に活躍します。最も送料を抑えられる配送方法なので利益が少ない場合は積極的に活用しましょう。

定形郵便の他にも「定形外郵便」も良く利用する発送方法の1つです。定形外郵便は「規格内」と「規格外」の2種類に分けられますが、基本的には規格内を抑えておけば良いでしょう。規格外は料金が高くなってしまうので、他に安く送る方法を後ほど紹介します。

規格内の定形外郵便の条件は、長辺34cm以内、短辺25cm以内、厚さ3cm以内および重量1kg以内とされています。およそA4サイズで厚さ3cm以内に収まる商品であれば定形外を選択します。ただし、重さが100gを超えると定形外でも送料が高くなるので注意しましょう。

### ✿ クリックポストが便利！

定形郵便ではサイズが大きすぎるし、定形外でも100gを超える重さで送料が高くなってしまう……という場合は、「クリックポスト」を活用しましょう。

クリックポストは郵便局が取り扱う発送方法の1つです。サイズは定形外郵便と同じくA4サイズで厚さ3cmまで、重さはなんと1kgまで一律185円で全国へ発送する事ができるのです。定形外郵便の場合、100gを超えると210円以上の送料がかかります。さらに、クリックポストには荷物追跡サービスも利用できます。

自宅でラベルを印刷する必要がありますが、本書ではクリックポスト発送を効率化する便利ツールも用意しています。私はもちろん、スクールの生徒さんの中でも非常に利用頻度が高い、便利で送料を抑えられる発送方法です。

### ✿ 追跡サービスは必要？

クリックポストには追跡サービスが利用できる、というメリットを紹介しましたが、追跡サービスが利用できるとお客様自身で配送状況を確認できるので安心感が増して売れやすくなるのでは？　と感じる

かもしれません。

　実は追跡サービスの有無で売れ行きが変わる事はほとんどありません。むしろ安い送料を採用して販売価格を安くした方が売れ行きが良くなるという検証結果も出ています。

　追跡サービスが無くても、商品が届かないという郵便事故はほとんど起こりません。郵便事故が起こってしまったら、その時は対応をすれば良いだけです。あまり深く気にしないで積極的に定形郵便、定形外郵便も採用していきましょう。

　その他の日本郵便で知っておきたい配送方法としては「レターパック」が挙げられます。レターパックは2種類ありますが、基本的には赤色の「レターパックプラス」を知っておけば良いでしょう。

　レターパックプラスはA4サイズ封筒型の専用梱包材で、郵便局の他にコンビニ等でも購入可能です。全国一律送料600円（封筒代込）で封筒の蓋が閉まれば厚さ制限無しで4kgまで送る事が可能です。速達扱い、対面受け渡し、追跡サービスありで宅急便に近い内容ですが、宅急便よりも安く利用できます。

　厚さが3cm以上になってしまったり、重さが1kgを超える商品を送る際に、宅急便利用する前に検討してみましょう。

　このように、商品の大きさや厚み、重さによって適切な配送方法を選択する事が基本となります。ただし、精密機器や高額商品を取り扱う場合はサイズや重さが小さくても、あえて封筒では無く段ボールに丁寧に梱包したり、追跡サービスありの配送方法を選択する例外もあります。

　逆に送料や配送方法を加味した上で、サイズや重さを意識しながら仕入れを行う事も大切なポイントです。「このサイズなら送料を抑えられるな」「この厚みならどっちかな？」など、比較検討しながら仕入れと配送方法の選択ができるようにしましょう。

毎日売れる！　出品テクニック

---

**適切な配送方法で利益と効率を高めよう**

- 3cm以内に収まる100g以内なら定形外郵便
- 1cm以内なら定形郵便
- 3cm以内、100g以上ならクリックポスト

---

## メルカリ便は「ゆうパケットポスト」だけ押さえておこう

メルカリ独自の発送方法として、各種メルカリ便というサービスも展開されています。メルカリ便のメリットは匿名配送や補償を利用する事ができる点です。ただし、送料が若干高めの設定になっています。メルカリ便のネコポスやゆうパケットを使うのであれば、クリックポストの方が安く送れます。また、匿名配送でなければ売れないという事も全くありません。

基本的には日本郵便を利用する方が送料を安く抑える事ができますが、「ゆうパケットポスト」だけは試してみる価値があります。

ゆうパケットポストはポストへ投函して発送するスタイルですが、厚さ制限が3cmを超えてもポストへ入ってしまえばOKという発送サービスです。様々な商品を販売していると、この「厚さ3cmの壁」に何度も悩まされる事になります。もう少し厚さが薄ければ安く送れるのに……という事例は非常に多いです。一般的なポストは厚さ4cm程度まで投函可能ですので、ゆうパケットポストも4cmまで対応していると考えて良いでしょう。一気に発送できる商品が増えるのでぜひ活用してみてくださいね。

ゆうパケットポストは専用シールか専用ボックスどちらかを事前購入する必要があります。専用ボックスは厚さが3cmとなっていて一箱

65円と割高なので必要無いでしょう。専用シールであれば1枚5円で購入でき、梱包は自由です。シール代とは別にメルカリでは215円の送料が必要です。A4サイズ程度かつポスト投函可能で2kg以内であれば全国一律220円（専用シール代込）で発送できます。

　シールの貼り付けやQRコードの読み取りなど独自の発送手順がありますが、慣れてしまえば便利に使えます。例えば二つ折りの財布など厚さのある商品の利益が取りやすくなりますよ。

※それぞれの料金は2025年3月現在の金額です。

**メルカリ便について**

### メルカリ便について

- 匿名配送：補償などの特徴があるがこれでないとダメということはない
- 厚さ3cm以上でもポストを通れば送れる。ゆうパケットポストは一度試してみる価値がある
- 宛名書き不要（QRコードを読み取るだけ）。少量なら楽だが数が増えると意外に面倒

# 梱包資材を用意しよう

## 梱包資材の選び方

　商品を発送する際は、基本的には新品の梱包資材を利用する事をおすすめします。使用済みの封筒や段ボールを再利用すると、商品到着時にお客様の印象が悪くなります。悪い評価へ繋がる可能性もあるので必要経費として考えておきましょう。

　梱包資材には封筒や段ボールなど様々なサイズが存在します。はじめは何を選べば良いか分からないでしょう。そこで、これだけ用意すれば大丈夫というおすすめ梱包資材セットをご紹介します。

### ❶封筒は「角2、長3、長4」を準備しよう

　封筒は長形2種類と角形1種類あれば充分です。小物系の発送用として良く使うので大容量サイズを購入してストックしておきましょう。

長型封筒（なががた）・角形封筒（かくがた）

**長型封筒（なががた）・角形封筒（かくがた）**

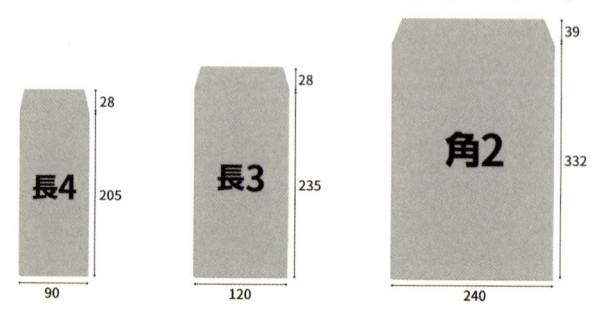

## ❷宅配ビニール袋と薄型段ボール

　中型サイズ発送用では宅配ビニール袋が便利です。中身が透けずに強度もあるので発送中に破れてしまう事もありません。テープ付きなので梱包も簡単です。

　また、販売価格が高いものや壊れやすい商品を送る場合はA4サイズぴったりになる薄型段ボール箱を利用しましょう。特に厚さ変更可能な薄型段ボールはゆうパケットポストで発送する際にも大活躍します。

### ❀ ダンボールワン

　ダンボール・梱包材 通販サイトシェアNo.1「ダンボールワン」で安く購入ができます。

（Amazonやメルカリなどでも購入が可能です。）

### 宅配ビニール袋

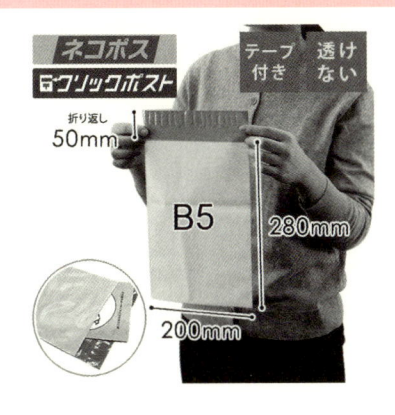

「ダンボールワン」
ヤッコ型ケース

40mm
(30/20/10mm)

323mm
233mm

**厚さ1〜4cm変更可**

**厚さ変更可能な薄型
段ボールがオススメ**

## ❸OPP袋とOPPテープ

　梱包時に便利なグッズです。OPP袋は透明な平袋ですが、商品を包む際に役立ちます。詳しくはこの後解説しますが、裸のまま封筒や段ボールへ入れる事は避けましょう。綺麗な透明袋に入っているだけでも印象が良くなります。

　OPPテープは透明で幅の広いテープです。封筒の封をしたり、段ボールを組み立てたり、OPP袋やプチプチを固定したり……OPPテープだけあれば他のテープは必要ないくらい万能に使えますのでぜひ用意しておきましょう。合わせてテープカッターもあるとより便利になりますよ。

### ダンボールワン「OPP袋」と「OPPテープ」

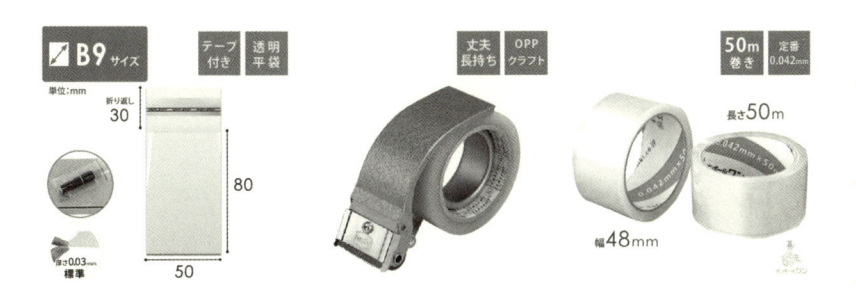

★ 梱包資材を買うなら「ダンボールワン」がおすすめ！

「ダンボールワン」URL

https://ira.jp/l/u/done

## 印象の良い梱包を素早く行うには？

　封筒や段ボールへ入れる前の商品の梱包方法よって、商品到着時の印象は大きく左右されます。また、雑な梱包で発送すると輸送中に商品が破損してしまう恐れも生じます。ここでは商品毎に適切に、素早く梱包を行う方法について解説します。

　布製品など、衝撃を受けても壊れたり傷が付かない商品については、仕入れた際に入っているビニール袋や梱包袋のまま封筒へ入れて発送しても大丈夫でしょう。ただし、仕入時の袋が破れていたり汚れている場合は、新品のOPP袋に入れ替えましょう。全ての商品を入れ替える必要はありません。お客様の立場に立って、商品到着時の第一印象が良い状態になっているか判断しながら梱包を進めていきます。

## ・壊れないものはそのまま封筒へ

　壊れやすい電化製品やピアスなどアクセサリー類はプチプチで巻いてから封筒へ入れます。プチプチに関しては仕入れた商品が届くと箱の中に沢山入っているので、綺麗な状態のものを流用すれば良いでしょう。

　箱入りの商品で、箱が潰れていたり汚れや傷がある場合は包み直します。箱を破棄してプチプチで梱包し直すのも良い方法です。箱が原因で重さや厚さオーバーしているのであれば、思い切って箱を捨ててしまえば送料の節約にもなります。説明文に配送の形や梱包方法について記載しておけば何の問題もありません。

　箱が無いと格好が付かない商品については「仕入時に箱だけ多めに仕入れたい」と代行会社へ相談してみましょう、多くの場合快く対応してくれます。

　このように配送方法や梱包方法によって商品1つ1つの利益率をコントロールできるようになります。逆に良く調べずに自分だけが高い送料を負担したり、無駄な梱包をしているとライバルよりも高い値段設定を余儀なくされ、結果不良在庫へ繋がります。商品に応じて適切な発送方法と梱包を選択できるようにしていきましょう。

# メルカリの上位表示の仕組みと応用テクニック

## メルカリは出品直後に上位表示される

　メルカリの上位表示について一番に知っておきたい基本事項は、「出品直後に上位表示される」という点です。これは、新しく出品した人がメルカリ画面の先頭に来るという事です。

　メルカリの検索結果画面のデフォルト設定は「おすすめ順」となっていますが、この設定でも出品された順番に並ぶ事になります。おすすめ順は過去に何度も閲覧した商品や購入した商品の関連商品が上位に来やすいという傾向もありますが、出品された順番が大きく崩れる事はありません。一般のお客様も普通に商品を探す際は、出品された順番で並んでいる画面を見ていると思って問題無いでしょう。

　つまり、あなたの商品が一番売れるのは出品直後という事です。上位表示されていればお客様の目に留まりやすくなります。そこで、適切な価格設定や目を引く画像が準備されていれば最も売れやすくなるのです。時間が経過すれば他の出品者の商品に埋もれてしまい、売れにくくなってしまうのもご理解頂けるでしょう。

　出品された順番に表示される仕組みは、出品者全員に平等にチャンスを与えてくれるというメルカリのユニークなルールです。他販路の場合は上位表示するには広告費が必要ですが、メルカリは無料で上位表示が可能です。これこそが誰にでも売り上げを上げられる最大の理由である事は前述した通りです。

　そうであれば、上位表示される機会を増やしたい。と思うかもしれません。一番目立つ場所へ常に表示させて売るために、出品した商品を削除して再出品を繰り返したり、何個も同じ商品を重複して出品したりして無理やり上位表示させる方法が流行した時期もありますが、こういった小手先のテクニックは厳禁です。

　無理に上位表示させる行為を「スパム出品」と呼びますが、スパム出品はメルカリの規約で明確に禁止されています。一時的には売り上げが増えるかもしれませんが、メルカリからペナルティを受けたり、あなた以外の全ての人々へ迷惑をかける行為となり、結局は長くビジネスを続ける事はできません。実際に、スパム出品を繰り返している出品者で生き残っている人を私は知りません。むしろ、退場を余儀なくされる事例を多く見てきました。スパム、迷惑行為は絶対にしないようにしましょう。

　では上位表示を有効活用して、真っ当に売り上げを上げるにはどうすれば良いのでしょうか？　それは、出品直後の上位表示を最大限利用する事です。

　つまり、出品直後の特等席を確保したタイミングで適切な価格と魅力的な商品画像でお客様を惹きつけ、欲しいと思わせる商品説明文を配置するのです。まずは売れる商品、売れる説明文と商品画像の作り込みが重要です。その上に上位表示のメリットを活用する。という順番を間違えないようにしましょう。

## それでも売れない時は？

　出品直後に全ての商品がすぐに売れてくれる事が理想ですが、中には売れ残ってしまう商品も出てくるでしょう。出品後、商品タイトルや説明文を修正してもなかなか売れない場合は、最後の手段として出品を削除して再出品してみましょう。

　ただし繰り返しになりますが、削除と再出品を頻繁に繰り返す行為はNGです。出品後3日以上売れない場合は出品削除し、削除した翌日に再出品を行います。また、再出品は1日1商品を限度としておきましょう。

　このルールはメルカリの公式な見解では無く、私達が検証した結果となり、絶対に安全という訳ではありません。一般的に見て、スパム行為とは思われないような安全な感覚を意識しながら、臨機応変に対応する事も大切です。

　また、同じ商品の画像を少し変えたり、商品タイトルや説明文の内容を変更して複数出品する行為もNGです。少し変化を加えたからといっても、同じ商品の重複出品とみなされるので注意してください。

　スパム行為はメルカリでしか通用しないテクニックです。メルカリ上であってもずっと有効な手法である保証もありません。小手先のテクニックは他の販路への拡大もできません。
　売り上げを上げたいからと追求するのは、スパム行為や裏技ではありません。今後メルカリだけで無くどの販路でも通用するような販売力を追求していきましょう。

毎日売れる！　出品テクニック

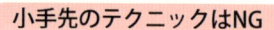

## 小手先のテクニックはNG

・削除を頻繁に繰り返す行為はNG

　3日以上売れない商品を削除 ➡ 翌日に出品

　再出品は1日1品

　（多くて3品、やらない日もある）

## SECTION 07 上位表示の応用テクニックを活用しよう

### 値引きで再上位表示

　表立った仕様ではありませんが、メルカリでは値引きをすると再度上位表示される仕組みがあります。必ずそうなるとは言い切れませんが、100円以上の値引きを行うと高確率で上位に戻ってくるようです。

　例えば、1,500円で販売開始した商品を1,400円→1,300円→1,200円……といった形で値引きを行います。出品後24時間経過しても売れない商品を対象に実施すると良いでしょう。

　また、元々の販売価格が1,000円以下の商品で、100円値引きでは一気に利益が無くなってしまう場合は、10%の値引きも有効です。

　10%以上の値引きを行なうと、その商品を「いいね」してくれたお客様に値引き通知が飛ぶようになっています。あなたの商品が気になっている方へ改めて存在を知らせる事で購入機会を増やす事ができるでしょう。ただし、「いいね」が付いていない商品の10%値引きは無意味となりますので注意しましょう。

　このように応用テクニックは「安売り戦略」とも言えます。上位表示されて、売れるはするけれど利益が残らなくなるやり方である事を忘れないでください。多用しすぎると「安売りしないと売れない人」になってしまいます。つまり、せっかくビジネスをしているのに一向に儲からない。という本末転倒な結果になってしまいます。

　安売り戦略を行う前に、やるべき事は「売れる出品ページの作り込

167

み」です。売れているライバルはどのように出品しているのか？　商品タイトルや説明文に適切な検索キーワードが配置されているか？商品画像や価格は適切か？　など、これからもずっとあなたの売り上げを守ってくれる販売力を上げる事を優先してください。

　応用テクニックは、出品している商品が他者のスパム出品で埋もれてしまった際に効果を発揮します。また、どうしても売れない。という時だけに使う最後の手段として考えておきましょう。上手に活用すれば、「失敗＝赤字」を回避できる心強い味方になってくれるでしょう。

　最後に、値引き戦略を決めたのであれば「値引きを躊躇わない事」も重要です。利益が取れない水準まで来ると人はなかなか損切りできなくなるものです。小さな利益にこだわるよりも割り切って値引きして、商品を売り切った上で次の新商品に注力した方が良い結果が待っています。
　「中国輸入ビジネスで売上を上げる7か条」⑤値下げは躊躇しない！を思い出してくださいね。

**第五章特典：「メルカリ用オリジナル商品説明文テンプレート」**

# 自分自身の
# データ分析
# 「在庫管理」

# SECTION 01
# 月間300個以上の発送を
# こなす商品管理術

## 発送作業は売上をストップさせる！

　あなたが目指す第一の目標は「1日1万円の売上達成」である事を覚えていますか？　リサーチと出品、販売をコツコツ進めていけば、誰にでも達成可能な現実的な目標ではありますが、1日1万円の売上を達成すると、毎日の発送数は10個前後となるのが一般的です。月間では300個程度の発送数になる計算ですが、ここで多くの方が大きな壁に直面する事になります。

　販売数が増えると立ちはだかる壁、それは検品と梱包、発送作業に時間を奪われてしまう問題です。商品が売れるのは嬉しいけれど、「発送作業に時間がかかって仕方がない」「売れると発送作業があると思うと出品が億劫になってしまう」「土日に沢山売れてしまって、月曜日の発送が間に合うか心配になってしまう」など、発送業務の圧力からせっかく右肩上がりに成長してきた売上がストップしてしまう事例を多く見てきました。

　この問題は、正しい商品管理と発送業務を行う事で劇的に改善させる事が可能です。逆に、何も考慮しない状態で発送作業を続けていると、時間がいくらあっても足りなくなってしまいます。発送作業だけで1日が終わってしまい、本来行うべき「稼ぎに直結」する作業ができなくなってしまいます。そこで本項では副業でも月間300個以上の発送を悠々とこなし、売上が伸び続けても、発送数がさらに拡大して

も発送業務に困らなくなる商品管理術をお教えします。

## 発送作業に時間がかかる原因は？

　あなたは商品が購入されたらどんな流れで発送作業を行っていますか？　簡単に一般的な流れを整理してみると、商品が売れたら早速お客様へお礼のメッセージを送った後に商品の確認と検品を行います。商品状態に問題が無ければ商品の梱包を行い、同梱リクエストがあれば対応します。

　梱包が完了したら発送準備です。宛名書きをしたり、宛名シールを貼り付けたり発送方法によって様々でしょう。発送が完了したら発送通知とお客様へ連絡メッセージを行い一件完了です。

　いかがでしょうか？　一見、通常の作業のように見えますが、実はこの一連の流れの中には多くの「無駄」が隠れています。特に商品確認と検品、梱包に時間を取られ過ぎてしまう典型例とも言え、発送作業が嫌になってしまう原因にもなります。そこで、次のような方法で時間短縮を実現させましょう。

### ✿ ①中国から商品が到着したらすぐ検品、梱包！

　発送作業に時間を奪われてしまっている方の一番の特徴は、売れてから発送準備をイチからはじめている点です。商品が1つ売れるたびに、中国から届いたままになっている段ボール箱の中から売れた商品を探し出して、発送準備が整ったらまた次の商品を探しに行って……　これでは時間がかかって仕方がありません。

　中国から商品が届いたら、何が届いたか開封して確認すると思いますが、そのまま箱を閉じてしまうのは時間の無駄を発生させます。商品到着の確認ついでに検品も一緒に済ませてしまいましょう。

自分自身のデータ分析「在庫管理」

さらに、このタイミングですべての梱包も終わらせてしまいます。段ボール箱から出して商品内容と注文数を確認しながら検品する。そして、そのまま梱包までしてしまえば全ての作業をまとめてできます。この商品確認から検品梱包までを1セットにしてしまう事が一番の効率化とスピードアップに繋がります。

　梱包済みとは封筒や梱包箱に商品が入っていて、封もされている状態です。ここまでやっておけば、いざ商品が売れた時には宛名ラベルと切手を貼るだけなので発送作業かかなり楽になります。

　梱包の時間短縮のために、糊付き封筒や梱包ビニール袋を活用すると良いでしょう。セロファンを剥がして貼るだけなのですぐに梱包が完了しますよ。

**「糊付き封筒」「梱包ビニール袋」サンプル画像**

### ❋ ②同梱発送、複数割引対応は行わない

　メルカリで販売を続けていると、複数商品を同時に購入するので同梱発送できないか、2個買うので割引してくれないか、といったコメントを頂く場合があります。

　こういった要望に対応してしまうとコメント対応が増え、梱包も特殊になってしまい無駄な時間を費やす事になります。私達が目指すビ

ジネスモデルは自動販売機である事を思い出してください。自動販売機は同梱も割引も行いません。あらかじめ商品説明文やプロフィール欄へ同梱、割引には対応できない旨を記載しておけば問題ありません。あなたの時給を上げるためにも、はっきりとお断りしましょう。

### ✳ ③宛名は手書きしない

　宛名を手書きするのも時間の無駄使いに繋がります。1日数個であれば気にならないかもしれませんが、5個10個と増えてくると宛名書きだけで疲れてしまうでしょう。宛名は早い段階で宛名ラベルへ印刷する形へ変更する事をおすすめします。宛名シールを封筒へ貼るだけなので一気に効率を上げる事ができます。

　以上が発送作業を時短、効率化する基本的なテクニックです。特に、検品と梱包を先に済ませておくスタイルは副業本業問わずに圧倒的に発送処理が楽になります。そんなに変わらないのでは？　と思うかもしれませんが、同じ商品をまとめて数十個同じ封筒に包むのと、毎回違う梱包方法で1つずつ進めていくのでは全く効率が異なります。実際に、私の生徒さん達もまとめて検品梱包を実践する事で圧倒的なスピードアップを実感しています。「やってみたらかなり楽だった」と皆さん口を揃えておっしゃっていますよ。

　売れる商品が多くなればなるほど、発送作業は時間を圧迫する事になります。どんどん時間が不足していき、売れたけど嬉しくない。発送間に合うだろうか、他の仕事も用事もあるのに……、と心配事が増えてきてしまいます。これでは本来のお金を稼ぐという目的から遠のいてしまいますし、非常に勿体無い状態です。沢山売れて嬉しいと思えるように、素早く検品梱包する方法を身につけましょう。検品梱包済なら大幅に時間短縮が可能になる事をお約束します。

　弊社スクールの講師の例をご紹介しましょう。彼は日常的に毎日100

自分自身のデータ分析「在庫管理」

点以上の商品発送をこなしています。それができる一番の理由は梱包済だからです。売れてから梱包をはじめていたら、100を超える発送業務はその日のうちに完了する事はできないでしょう。

　まだ少ないから、発送数が増えてきたらやってみよう。では遅いです。どれだけ発送数が増えても耐えられるように今から癖付ておく事が重要です。少量時からまとめて検品梱包スタイルに慣れておけば、発送数が増えてもミス無くスムーズに対応し続ける事ができるでしょう。

## 約2日分の発送イメージ

## 検品を効率化しよう

　私達のビジネスモデルは何度も同じ商品を繰り返し売るスタイルなので、検品についても時短効率化を図る事ができます。ここでは、検品作業になるべく時間をかけず楽に行う方法について掘り下げていきます。

## ① テスト仕入れでは届いた商品全てを細かく検品

　テスト仕入れは5個〜10個の商品を試しに発注する事をおすすめしていますが、これはリサーチして実際に仕入れてみた商品が売れるかどうかの確認だけでなく、問題の無い商品が中国から届くかの確認の意味も含まれています。販売しても問題は無いか？　正しい商品が届いているか？　商品状態や動作確認など、全ての商品を細かく検品してから梱包、出品へと進みましょう。

## ② 2回目以降の仕入れは抜き出し検品

　テスト仕入時の検品で商品に全く問題が無い事が確認できていれば、2回目以降の同商品の検品はランダムに抜き出して素早く検品を完了させましょう。

　ただし、1回目の仕入れで傷物や動作不良品、内容物の欠品など何か問題があった商品の場合は改めて全ての商品を検品しましょう。問題のある商品を販売してしまうとクレームや悪い評価に繋がります。特に1回目、2回目の検品は慎重に行います。2回目の検品でも商品に問題が見つかった場合は、仕入先のお店を変更する方が良いでしょう。

　同じ商品でも仕入先によって商品のクオリティが異なります。仕入先を変更した場合は、全ての商品を詳しく検品する事をおすすめします。

## ③ 本仕入れでは商品価格や不良率に応じて検品

　テスト仕入れから出品販売まで何のトラブルも無くレギュラー商品となった場合は、それ以降の仕入れ時の検品はランダムにピックアップしてチェックする形で良いでしょう。ただし、販売価格が2,000円以上の高価格であったり、機械系など精密商品の場合は検品数を増やしておいた方が安心です。

　電気を通す商品の検品については充電や接続チェック、再生等の動

自分自身のデータ分析「在庫管理」

作確認まで行います。見た目だけで検品を終わらせてしまうと、実は不良品でクレームやトラブルに発展してしまった、という事例も多いようです。

　電化製品の場合は、ただ仕入れ価格が安いという理由だけでお店を選ぶと、届いた商品のほとんどが不良品だったというケースもあります。仕入先の選定も含めて、検品時に改めて見直す機会にもなります。

　基本的に電化製品は検品作業量が増えるので、しっかり利益が取れる商品だけを取り扱うようにしましょう。また、利益をしっかり取る事ができるけど検品が大変な商品の場合は、輸入代行業者のラクマートさんに検品までお願いしてしまうのも良いでしょう。

## 商品保管の時短術

　取り扱い商品数が増えてくると、次に問題になるのが商品の保管方法です。検品、梱包をまとめて済ませたとしても、その商品がどこに保管されているのか把握できていないと、いざ売れた際に素早く発送準備を行う事ができません。そこで、本項最後に商品保管方法の事例をご紹介します。

### ✳ 商品が少ない場合は？

　販売商品数が10個程度の場合は、ホームセンターに数千円で売っている3段から5段くらいのカラーボックスが便利です。カラーボックスの中に100円ショップに売っているカゴに入れて、商品毎に保管します。梱包済の商品を綺麗に並べておきましょう。売れたらここからさっと取り出して、宛名ラベルや切手を貼るだけで発送準備完了です。

## カラーボックスを活用

　梱包サイズが大きくてカラーボックスに収まらない場合は、専用の段ボール箱を作ったり、スーパーの買い物カゴを用意するのも良いでしょう。段ボール箱は、中国から届いたものを再利用します。側面をくり抜けば出し入れしやすくなり、商品毎の段ボールを上に重ねて省スペース化する事もできるのでおすすめです。

### カラーボックスに収まらない場合

**ダンボールを活用**

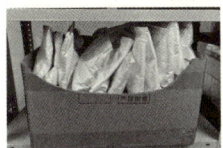

**買い物カゴを活用**

## ❀ 商品数が多くなってきたら？

　販売商品数が数十個以上と多くなってきたら、保管と共に「管理」が重要になります。場合によっては商品保管専用の部屋や倉庫が必要

になる事もあるでしょう。商品保管にはスチールラックを導入します。小物系は100円ショップのカゴにわけてそれぞれの商品を保管しましょう。中型〜大型商品はそのまま積み重ねて保管する形になります。

　ここで重要なのは、ただ商品をまとめて置いておくだけではなく、どこに何があるのかが一目で分かるように管理する事です。保管されたそれぞれの商品の前に商品名と商品番号のラベルを貼り付けておくと良いでしょう。商品番号を導入する事で、自分でなくても発送業務ができる状態になります。何番が何個、と指定できるようにすると外注さんや従業員を雇ってもすぐに業務が回るようになるのです。

　商品管理が徹底していれば誰がやっても同じように作業できます。今のうちから準備しておけば、いざ商品数が増えた時に焦らずに売上を止める事無くスムーズに事業を拡大できるでしょう。近い将来、あなたも商品管理が必要な状態になります。1日50個売れても、100個売れても同じように対応できるよう検品から梱包、保管、管理まで、できるところからはじめてみてくださいね。

## 02 これで安心！ トラブル、クレーム別対処法

### 商品が戻ってきてしまったら？

　発送したものの住所が間違っていたり、不在票が入っていたのに対応して頂けず商品が戻ってきてしまったら、原因が出品者理由であれ、お客様の都合であっても、まずはすぐに取引ページから連絡しておきましょう。

　発送先住所が間違いなく合っている場合はメルカリに登録している住所は正しいか、引っ越しなどしていないか、と取引メッセージで聞いてみます。不在等で商品保管期限が過ぎてしまった場合は、その旨を連絡し、お客様への現状報告と再送の相談を行いましょう。

　宛先住所を間違えたなど、出品者側に不備がある場合は早急に再送する必要があります。すぐに準備して再送と謝罪連絡をします。

#### ❀ 無理に送料を負担させない！

　商品の差し戻し原因が出品者側のミスの場合は当然送料を負担して再送する形になります。原因がお客様側にある場合であっても、基本的には送料負担を無理に要求するのはやめておきましょう。送料負担交渉にかかる時間やイレギュラー対応に対しての負担の方が無駄になるからです。

　数十円や数百円の送料であればこちらで負担して送ってしまった方が効率が良く、取引もスムーズに終える事ができます。「今回は特別にこちらで送料を負担するので、正しい発送先住所を教えて下さい。」といったメッセージを送り、できる限り時間をかけずに再送を完了させ

ましょう。

　ただし、送料の高い大型商品など利益を大きく圧迫してしまう場合はお客様としっかり相談し、納得頂いた上で着払い等で送料を負担して貰いましょう。同意無く突然着払いで再送してしまうのは、後々大きなトラブルへ発展する可能性が高いので厳禁です。

　また、再送時はなるべくクリックポストやゆうパケットポスト、レターパックなど追跡番号付きの発送方法を利用しましょう。お客様都合で再送しているにも関わらず、商品到着を急いでいる場合もあるので、さらに要望や問い合わせコメントが増える傾向があります。無駄な問い合わせを無くすためにも追跡番号付きにして、再送完了時には追跡番号もメッセージで送るようにしましょう。

　追跡番号があれば、出品者側も発送状況を把握できます。商品到着を確認したら、その購入者は「ブロック」する事をおすすめします。こういったケースはまたトラブルになる可能性が高いので、二度と関わらなくて良いようにブロックしておきましょう。

### ❀ できる限りキャンセルは避けよう

　トラブルが発生しているとしても相手はあくまで商品が欲しくて購入してくれたお客様です。再発送が面倒だからと言ってこちらからキャンセルを押し付けるような対応をすると通報されたり、より大きなトラブルに発展しやすくなります。また、安易なキャンセルは顧客保護の立場を取るメルカリ事務局からも良い印象を受けません。長くビジネスを続ける意味でも再発送する事を優先しましょう。

　送料は基本的には出品者側で負担する形にする事を推奨しましたが、大型商品で利益が大幅に削られてしまう商品の再発送時送料負担で揉めないために、あらかじめプロフィール欄へ再発送時の送料について記載しておきましょう。「お客様都合で再発送が必要となった場合の送

料はご負担頂きます。」と明記しておけばトラブル時にはっきりと主張する事ができます。小物商品の場合は送料負担を求めませんが、「今回は特別にこちらで送料を負担いたします」と言ってあげればお客様も嫌な思いをする事は無いでしょう。

**発送した商品が戻ってきてしまった**

### 発送した商品が戻ってきてしまった

- ・すぐに購入者へ連絡し状況報告と相談
- ・無理に送料を負担させない（大型商品は除く）
- ・追跡付きですぐ再発送 ➡ 対応後はブロック
- ・できる限りキャンセルを避ける
- ・再発送時の送料について記載しておく

## 支払い期日が守られない場合は？

後払いや銀行振込、コンビニ払いなどで12時間以上連絡も無く支払いがされない場合は、必ずこちらから連絡を入れましょう。取引メッセージから支払いの催促をします。

ただ、最初のメッセージで強い催促は不要です。「この度はご購入ありがとうございます。支払期日が○○日までになっています。お支払いよろしくお願いします。」程度で良いでしょう。メッセージ内には必ず支払い期日を明記して、お知らせする事がポイントです。このように連絡すればほとんどの方が対応してくれます。

それでも支払いが無い場合は、必ずキャンセル予告を行いましょう。相手が購入する意思が無くとも、一方的にキャンセル処理をすると「勝手にキャンセルされた！」と興奮してしまう方が多い印象です。「お支

自分自身のデータ分析「在庫管理」

払い期日となりましたので、お支払いをお願いします。期日を過ぎてもお支払いが無い場合は、お取引をキャンセルさせて頂きます。」といった内容でメッセージを送信します。取引メッセージでお知らせしておけば、安心してキャンセル処理を行う事ができます。

　正しい流れの中でキャンセル処理を行っても「買おうと思っていたのに、欲しかったのに……勝手にキャンセルされた！」といった理不尽なクレームは残念ながら存在します。お支払いが遅れる方ほどこういった傾向がある印象です……。

　こういったトラブル時でも冷静に対応できるよう、お客様もメルカリ事務局にも明確に確認できる「証拠」として支払いの催促やキャンセル予告など、必ず取引メッセージを送るようにしましょう。

　また、今回のケースでも最終的に「ブロック」して一件落着です。ただし注意点があります。それは、キャンセル処理をする前に先にブロックする必要がある事です。キャンセルが成立してしまうとブロックできなくなるので忘れないようにしてくださいね。

**支払い期日が守られない**

### 支払い期日が守られない

- 12時間以上連絡がない時は必ず連絡する
- 取引メッセージにて催促する
- 必ず支払い期日もお知らせする
- キャンセル予告を行う（必ず！）
- 「ブロック」してからキャンセル

## 理不尽なクレームに対応する方法

　物販ビジネスを続けていれば、あなたも理不尽なクレームを受ける事があるでしょう。理不尽なクレームを受けた際の一番のポイントは「こちら側はあくまで冷静に対処する事」です。笑ってしまうくらいのとんでもない主張から、ついイライラしてしまうクレームまで様々ですが、興奮は抑えながら取引メッセージ上だけは丁寧な対応を徹底しましょう。

　どんな理由であれ、メルカリでは「購入者保護」が優先されます。通報されてしまえば理由が何であれ、出品者が悪者になる事が多いのが現状です。相手はお金を払って購入してくれたお客様です。こちらも臨戦態勢になり言い合いをしても良いことはありません。結局メルカリ事務局から「責任のある対応をお願いします」と警告が来てしまいます。

　各方面から、なんとも理不尽な対応をされるな……と思うかもしれませんが、割り切るしかありません。ここは一旦、冷静に！　これが大切です。

　クレームを大きな問題に発展させないためには「通報させない事」が重要です。通報されてしまうと、相手も興奮しているので有る事無い事を言われやすい状況です。通報されないようにクレームは後回しにせず、すぐにスムーズに対応する事を忘れないようにしてください。

　あなたが本当に忙しくてメッセージが遅れていたとしても、相手からは無視されていると思われてしまいます。メッセージが遅れれば遅れるほど、クレームはエスカレートすると覚えておきましょう。こちらに否がない事まで事務局へ通報され、対応が増える原因にもなるので注意しましょう。

## ❀ それでもどうにもならない要求は？

　稀にクレームがエスカレートしてしまい、無理な要求や暴言に発展してしまうケースもあります。あまりにも酷い暴言や一方的な要求、興奮しすぎていてどんなトラブルがあったかさえ分からない場合は迷わずメルカリ事務局へ相談しましょう。

　相手には冷静に丁寧に返信しつつ、同時にどのように対応したら良いかを事務局へ問い合わせます。誠実に対応しているがこれ以上の対応は難しいと相談すれば、明らかに無理な要求をされている場合はメルカリ事務局側でキャンセル処理を行ってくれます。取引はキャンセルされ売上金はメルカリが保証してくれる事が多いようです。ポイントは先手必勝です。通報される前に相談の連絡を入れましょう。

## ❀ 最後の手段「キャンセル処理」

　できる限りキャンセルは避けるべき、とお伝えしてきましたが、良品に交換し再発送する旨をお客様へ伝えても、「その必要は無い、もう要らない、キャンセルでお願いします」と言われてしまったらキャンセルに応じるしかありません。

　お客様が望んでいる場合は最後の手段としてキャンセル処理を行います。キャンセル時の一番の注意点は、取引メッセージ上で双方がキャンセルに同意した上で処理を行う事です。取引メッセージ上ではっきりとお互いの同意が取れていないと一方的なキャンセルとみなされて、メルカリ事務局側からキャンセル申請を断られてしまう場合があります。お客様からキャンセルしてください、と言われたら「キャンセルに同意します」と明確に返信しましょう。

　また、良品と交換したいが在庫が無いなど、出品者側都合でどうしてもキャンセルせざるを得ない場合は、正直に理由を伝えてキャンセルに同意して頂きましょう。必ず明確なキャンセル同意メッセージを頂いてからキャンセル申請を行います。同意が取れたら出品者側から

キャンセル申請する事もポイントです。

一方的にキャンセル申請を進めると、ペナルティ対象となりアカウント停止となる事例を何件も見てきています。特に出品者都合でのキャンセルを繰り返すとアカウント停止の危険性が高まります。日々の商品在庫管理を徹底し、お客様へ迷惑がかからない運用を心がける事も大切です。

## トラブルを未然に防ぐ考え方

このようにクレームやトラブルが起こってしまったら、丁寧に冷静に対応する事が大切です。とはいえ、トラブルには巻き込まれたくないものです。ここでは日々の出品業務の中でできる、トラブルを未然に防ぐ考え方についてご紹介します。

郵便事故や不良品の発生は一定数起こるものです。スムーズに問題解決できるよう、商品が届かない場合の対応や再発送時の送料負担についてはプロフィール欄へ記載しておきましょう。初期不良やクレーム対応については商品説明文の最後に記載するのが良いでしょう。「もし問題があれば、取引完了前にご連絡ください。」と明記し、何があっても誠実に対応する事をこちらからアピールすればお客様の安心感へも繋がります。

また、クレームは最優先で対応する事が鉄則です。対応の後回しがアカウント停止の一番の原因となります。外出中や仕事中で忙しい場合は、まずはその旨を連絡しましょう。謝罪と今仕事中なのですぐに対応できない、帰宅後詳しく調べて改めて連絡します。と丁寧にメッセージしておけば相手も理解して待ってくれます。

クレームを見なかった事にして、後回しにしてしまうと相手は無視

されていると思い込んでどんどんエスカレートしてしまいます。メッセージを見落とさないように、後回しにしないで即対応を心がけましょう。

## ✿ 細かいお金より、自分の時間を大切にしよう

「自分は悪くない」という考えは一旦置いておいて対応する事も大切です。自分は悪くないのにクレームになるケースは多くあります。ただ、そこでこちらも興奮してケンカしてしまったり、事務局へ自分に否がない事を主張したとしても購入者保護の方が強いので良い結果にはなりません。結局、出品者側が対応するように促される事になるでしょう。

結果が分かっているのであれば、送料負担で揉めたり、どちらが悪いのか言い合っている時間が勿体ないと思いませんか？　何度も何度もやり取りを繰り返すのはあなたの大切な時間を無駄に消費するだけです。

私達が実践している中国輸入ビジネスであれば、高額商品を扱うこともありません。利益が取れなくても、少ない赤字で済むのであれば割り切って次の出品や販売へ力を向けた方が精神的にも労力がかからないでしょう。素早く丁寧に対応してさっさと終わらせてしまいましょう！

場合によっては悪い評価が付いてしまうかもしれませんが、理不尽な評価に腹を立てるよりも、何百件に1つの問題にイライラしたりストレスを溜めるよりも、次に活かす事を考えましょう。クレームの原因を考えて、次に同じ事が起こらないように説明文に追記する。商品のどの部分が悪いと思われたのか検証して検品を強化する。クレームになりそうな部分を写真撮影して出品画像として掲載する。などなど、クレームから改善できる事を出品ページにどんどん追加していきます。

クレームや悪い評価を過剰に捉える必要はありません。より良い出品者を目指す事がクレームやトラブルを回避し、同時に売上を右肩上がりに伸ばす事ができる一番の方法なのです。

自分自身のデータ分析 「在庫管理」

# 03 自分自身のデータ分析「在庫管理」の基本

## 在庫管理の重要性を知ろう

物販ビジネスをはじめたばかりの方や、副業で実践していると、在庫管理までは頭がまわらないかもしれません。何となく、まだ在庫はあるかな、この商品は良く売れている気がするな、程度を頭の中で考えているだけという方が多いです。実はこの状態が続いていると売上を下げる原因になってしまいます。

在庫管理と聞くと、パソコンで難しい作業をして複雑な計算が必要で……と思うかもしれませんが、実際には特に難しい事はありません。パソコンが苦手だからできないというレベルでもありません。手書きでも電卓があれば簡単にできる、やれば誰にでも理解できる方法をお伝えしますので安心してくださいね。

### データ分析はリサーチだけではない！

ここまで、本書を通して実践していればデータ分析する習慣は身に付いてきているでしょう。注文する時は自信を持って安心して仕入れできたり、売れるものだけを取り扱い、何個も同じ商品を売り続けるスタイルにも慣れてきていると思います。

私達は散々ライバルや商品を調査し続けているわけですが、逆に言えばあなたもライバルに徹底的にマークされているという事になります。ライバルはあなたがどんな商品を扱っていて、何個くらい売っているのか詳細に分析しているでしょう。自分以上に詳細な情報を把握

されている状態では、同じ土俵で戦う事はできません。安定した売上を継続するには「自分自身のデータ分析」が重要なのです。

## ✾ 売上が下がる原因は？

では、なぜ自分自身のデータ分析ができていないと売上が下がってしまうのか？　その理由をお教えしましょう。売上が下がるばかりか、無駄な出費も増える原因になるので必ず理解しておきましょう。

どんなお店でも物販業であれば必ず在庫管理や棚卸しをしているはずです。近所のスーパーへ行っても、棚卸しのために臨時休業までして在庫管理を行っているのを見た事があるのではないでしょうか。営業時間を削ってまで在庫管理を行うのは、在庫数が分からなければ商売にならないからです。

商品が売り切れてから在庫切れに気がついていては、売りたい時に売るものが無いという状況になってしまいます。これがあなたの売上を下げてしまう一番の原因です。

中国輸入では、商品を発注してから手元に届くまでに約2週間程度の時間を要します。つまり在庫切れを起こしてしまえばその後、最低でも半月はその商品を売る事ができないのです。その商品が人気商品であればあるほど、あなたの売上は低迷するでしょう。

また、その逆もあり得ます。定期的に売れるから人気商品だと思っていたけれど、実は販売数はそこまで多くなかったというケースも良く聞く事例です。在庫数を把握していない状態で追加発注してしまえば、無駄な出費となり不良在庫が増えている事に気が付けないのです。

あなたは売上を上げて収入を増やす事が目的のはずです。在庫管理をしない事で自ら売上が下がる原因を作り、無駄な出費が増えて利益が残らないという一番望まない結果になってしまいます。そんな残念な事態を避けるためにも「自分自身のデータ分析＝在庫管理」は非常

自分自身のデータ分析「在庫管理」

に重要な業務の1つと言えるでしょう。

### ❀ まだ在庫管理するレベルではない？

　例えば、今まで1日1万円（月間30万円）を順調に売り上げていたとしましょう。ところが、今月は15日半ばに差し掛かっても売上が10万円に届いていない、このままだと今月は売上20万円になってしまう……それが分かったら、あなたはその自動販売機を見に行きたくなりませんか。なぜ売れていないのだろう、何が売れていないのだろう、なぜ売上が上がらないのだろうと疑問に思う事でしょう。

　こういった疑問にいち早く気が付き、素早く売上を回復させるためには、毎日の売上をチェックしていないと分かりません。副業だから、パソコンが苦手だからといった理由は無意味です。毎日の売上や在庫を把握しておく事は、あなたの売上を守るために必要なごくごく当たり前の事なのです。

　在庫管理は全ての物販プレーヤーに必要です。むしろ在庫数が少ない時から、ちゃんと管理して慣れておけば売上が下がる事が無くなります。常にデータを貯めていく癖がついてくれば、データが細かくなればなるほど平均値が取れていくので無駄な事がどんどん減っていくでしょう。これが無駄な出品を減らし、お金を残す癖へも繋がります。

　面倒だからとか、頭の中で商品数を把握しているから大丈夫と思っていても限界があります。全て数字でデータ化したほうが正しく、楽になってきますよ。

## 在庫管理を実践してみよう！

　では早速在庫管理を実践してみましょう。在庫管理で注目すべき点は何も難しくありません。必要な情報は「商品の在庫数」と「毎日の売れ行き」これだけです。この2つさえ分かっていれば、あと何日で

在庫が無くなるのか計算できます。在庫切れする前に再発注すれば売上は下がりません。逆にまだ注文しなくても良い商品も明確になるでしょう。

## ❀ 在庫管理シートで失敗を避けよう

本書では簡単に毎日の在庫管理ができる在庫管理シートを用意しています。本章末のリンクからダンロードできますので、実際に入力して計算してみてくださいね。

在庫管理表をダウンロードしたら、まずは「商品名欄」に出品している商品の名前を全て入力しましょう。その隣の「月末棚卸」欄には前月末の在庫数を入力します。家に保管されている商品が何個あるかという事ですね。その隣には1〜31の数字が並んでいますが、これは日にちを意味します。この部分には「その日売れた個数」を毎日入力していきましょう。すると右側に自動で「販売合計数」が入っていくようになっています。

### 在庫管理表見本

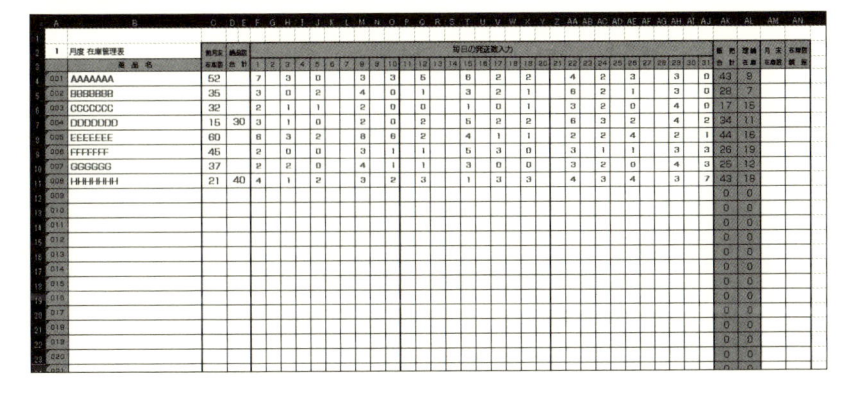

さて、ここで電卓を用意しましょう。売れた合計と残りの在庫数が入っているので、売れた数から経過日数で割ってみると1日当たりい

くつ売れているかが分かります。

　さらに、残りの在庫から1日当たりの販売数を割れば、在庫があと何日持つのかも分かるのです。

## 計算式） 1日当たりの販売数は？

（売れた数はいくつ？→販売合計の数字）÷（今日は何日？→日付の数字）=1日当たりの販売数

例）今日は15日で、販売数の合計が10個の場合
　　販売合計→10、日付→15
　　10÷15=0.6666…

　つまり、「1日当たり約0.6個」売れています。

## 計算式） あと何日で在庫が切れる？

（残りの在庫数はいくつ？→理論在庫の数字）÷（1日当たりの販売数）=在庫が切れるまでの日数

例）在庫管理シートの「理論在庫欄」が9個、1日当たりの販売数が0.6個の場合
　　9÷0.6=15

　つまり、「あと15日」で在庫が切れます。

　中国輸入では商品を発注してから日本に届くまでに2週間程度時間がかかる事が一般的です。商品や時期によって前後しますが、前回の発注時にかかった時間を参考に商品毎にある程度の到着時間を把握しておくと良いでしょう。

上記の計算により、基本的には在庫切れまで14日になる前に追加発注を行うのがポイントです。在庫切れまであと14日、この数字を見た時に「間に合わない、急がないと！」という気持ちにならないといけません。

毎日在庫管理シートを更新すれば、いつ商品を発注すれば良いのか、あるいはまだ注文しなくても大丈夫かを明確に判断する事ができます。在庫管理を怠り商品補充が間に合わなければ大きな販売機会損失となります。在庫が無くなってから慌てて注文しても、その間は売り上げがストップしてしまいます。在庫管理を徹底しないのは、非常に勿体無い事なのです！

### ❀ まずはシンプルに、在庫管理を続けよう

本書でお配りしている在庫管理シートは、毎日の商品在庫数と平均売上個数を常に把握しておくためのものです。ダウンロードしたエクセルファイルをそのままパソコンで入力しても良いですし、プリントアウトして手書きしても問題ありません。

ただし、1日当たりの販売数と在庫切れまでの期間計算についてはご自身で電卓を叩いて実践してみる事をお勧めします。エクセルにはじめから数式を入れる事はできますが、まずは仕組みや考え方を理解して頂くためにあえて手動で計算する形にしました。

ご自身が使いやすいように、シートをアレンジするのも良いでしょう。ただ、複雑にならないようにだけは気をつけてください。大切なのは毎日続ける事です。データを毎日集計できず、飛び飛びになっていては在庫管理データとして役割を果たしません。

「発送した日=売れた日」として、発送日には忘れずにシートへ数字を入力する癖を付けていきましょう。入力するルールや時間をルーティ

ン化して、シンプルに続けてくださいね。

　何度もお伝えしていますが、在庫が切れる前に注文しないといけない。という考え方が1番大切です。ご自身の手を使って学ぶ事で、再発注のタイミングやペースも掴めてくるでしょう。はじめは在庫数の計算ミスや、発注タイミングの勘違いもあるかもしれません。だからこそ、在庫数が少ない今のうちから作業に慣れてミスをどんどん少なくしていきましょう。

　在庫管理を繰り返す事で、あなたの失敗確率はさらに下がっていきます。無駄な出費や不良在庫を抱える必要も無くなります。小資金のまま大きな売上を上げながら、お金を増やす事ができるようになりますよ。

# 04 もっと売ろう！メルカリで 売れる出品ページの作り方

## 売れるページに必要な要素とは？

　まず大前提として、本項では出品済の商品に対して売れない要素を分析して修正を行う方法を解説します。まだ出品ができていない、という場合は第5章を参考に必ず先に出品を完了させてくださいね。

### ✿ 重要！　検索キーワードは適切に入っている？

　何度もお伝えしていますが、出品ページ内にどれだけ適切な検索キーワードが入っているかがメルカリでの売れ行きを大きく左右する事になります。お客様が検索するキーワードが沢山入っていれば、より多くの方へあなたの商品を露出する事ができます。

　特に商品タイトルは検索キーワードの特等席です。最大で40文字まで入力できますが、20文字や30文字しか使用していない出品を良く見かけます。これはとても損をしている状態です。「タイトル文字数が残っている＝販売機会を逃している」と考えましょう。40文字ギリギリまで使い切れるようキーワード候補を用意する事が大切です。

　キーワード候補の探し方は後ほど詳しくお伝えしますが、キーワードが多すぎて商品タイトルに入り切らない場合は出品説明文の中に混ぜ込んでいきます。メルカリでは、商品タイトルだけでなく、出品説明文内のキーワードも検索対象です。説明文内にもより多くの検索キーワードを配置する事で、さらに幅広い検索からの流入が見込めるで

しょう。

## 🌸 販売価格は売れている相場に合わせる

　売値は適正価格で販売する事が鉄則です。第4章で紹介したプランニングシートでは、仕入時の相場に合わせた適正価格を設定し出品していると思いますが、商品価格は日々変動するものです。毎日欠かさずライバルチェックをしていれば、価格変動にいち早く気付くことができます。ところが、価格変更が面倒だったり、もっと利益を取りたいから、と価格変更せずそのまま放置している方も多いようです。それでは一向に商品は売れず、値下がり時の撤退のタイミングも逃し赤字や不良在庫化してしまうリスクが高まります。

　同じ商品を何度も販売するというビジネスモデルの特性上、いくら商品ページを作り込んだとしても、相場よりも明らかに高い値段で販売する事はできません。売れる商品はページの良し悪しのみだけで無く、常に現状の相場に合った適正価格設定も必要条件である事を覚えておいてください。

## 🌸 自分の商品を優先的に買ってもらうには？

　私達のビジネスモデルでは同じ商品を取り扱っているライバルの存在は付き物です。同じキーワード内でライバルよりも自分の商品を優先的に買ってもらうには、価格を下げるしか無いと思うかもしれません。

　実は、ライバルより価格が高くてもあなたの商品が選ばれ、売上を伸ばし続ける方法があります。それは、魅力的な商品画像を用意する事です。自宅で撮影したり、中国の仕入れサイトの画像をそのまま使っていては、どの出品者の商品も横並びの状態です。お客様から見ればどれを買っても同じで、選択の余地がありません。ところが、その中に1つだけ大手ネットショップで売られている商品のように、綺麗で

魅力的な商品画像があればいかがでしょうか。お客様がその商品を「選択」するのは当然の行動となるのです。

その事実と破壊力にいち早く気がついた出品者は、画像加工を取り入れ右肩上がりに売上を伸ばしています（そのほとんどの出品者が私の生徒さん達です）。売れる商品画像については、それだけで1冊の本ができてしまう程のノウハウが蓄積されていますので本書では割愛しますが、また改めて公開する予定です。楽しみにしていてくださいね。

逆に言えば画像の良し悪しでライバルの強さを見極める事も可能です。リサーチ時にあまりにも綺麗な画像が並んでいる商品は、ライバルが強いという裏付けにもなります。まだ販売に慣れていない場合は仕入れ対象から外すというリスク回避法も覚えておきましょう。

売れる商品画像を使いこなしている出品者はまだまだごく一部です。利益が取れて売れる商品はいくらでもあるので、キーワードや適正価格を意識してどんどん出品していきましょう。

## 売れる検索キーワードを見つける方法

売れる検索キーワードとは、実際にお客様が検索していて購買に繋がるキーワードです。売れる検索キーワードをより多く商品ページへ盛り込む事で、沢山の購買意思を持ったお客様をあなたの商品へ誘導する事ができます。どんなキーワードで検索しているのか直接お客様へ聞く事はできませんが、その答えはメルカリ上にあります。

### ✿ ライバルの出品ページは売れるキーワードの宝庫！

第4章で用意したライバルチェックシートを見返してみましょう。その中から良く売れているライバルを3名ほどピックアップして、出品ページを表示させておきます。ポイントは同じ商品を売っているラ

右側の章インデックス：一章　二章　三章　四章　五章　六章　七章

自分自身のデータ分析「在庫管理」

イバルではなく、該当商品が良く売れているライバルを選択する事です。

　まずはそれぞれのライバルの出品タイトルを見ていきます。ライバルが必ず使っているキーワードはあなたの商品タイトルにも入っているでしょうか？　もし入っていないキーワードがあればメモを取っておきましょう。特に、一言でその商品を言い表せるキーワードがあれば、商品タイトルの先頭へ配置しましょう。

　例えば、妊婦さん用のレギンスを販売しているとしましょう。良く売れているライバルの商品タイトルを見比べたところ、「マタニティレギンス」というキーワードが必ず入っているようでした。一言でどんな商品かわかる言葉なので、先頭へ配置する重要キーワード候補とする、といった感じです。

　他にも、「パンツ」や「スパッツ」「楽ちんパンツ」「ジャージ」「産前産後」など重要キーワードを補完してくれるキーワードが見つかりました。これらを全て、タイトル文字数40文字いっぱいになるまで配置していきましょう。キーワードはご自身の想像で作り上げるのでは無く、すでに売っているライバルが実際に使っているキーワードをピックアップする事を忘れないでくださいね。

### ❀ 購買に直結する重要キーワードの選び方

　ライバルのキーワードをピックアップしていくと、商品タイトルには入り切らない数になってしまうでしょう。どのキーワードが有効なのか、どれを選択すれば良いのか迷ってしまいますよね？　そこで、購買に直結する重要キーワードを判別する方法をお教えしましょう。

　ピックアップしたキーワードをメルカリの検索窓に入れて、サジェストキーワードを見る事で重要度が分かります。先ほどお話ししたマ

タニティレギンスの例を見てみましょう。マタニティレギンスの補完キーワード「パンツ」の重要度を確認します。

メルカリの検索窓に「マタニティ」と入力し、その後にスペースを挟んでパンツの頭文字の「パ」まで入力してみます。すると、検索窓の下に自動的に検索候補が表示されます。これがサジェストキーワードです。

サジェストキーワードの中に「パンツ」という言葉は表示されていますか？　されていれば、重要キーワードとしての可能性が高まります。さらにパンツに続いてさらに「マタニティ　パンツ　黒」などといった、他のキーワードがサジェストに表示されるのであれば重要キーワード確定です。積極的に商品タイトルへ追加していきましょう。

**購買に直結する重要キーワードの選び方**

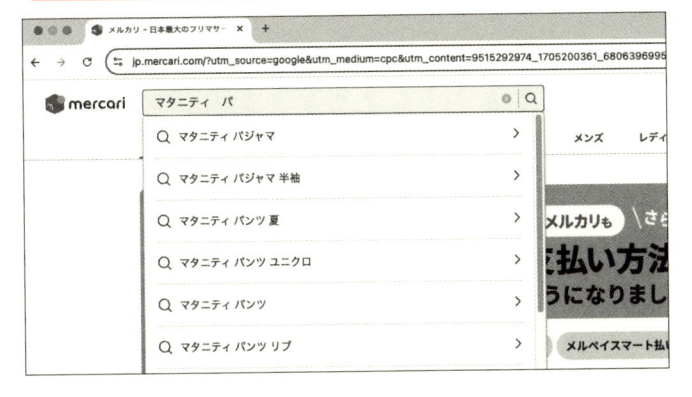

### 🌸 お客様を呼び込む出品説明文の作り方

商品タイトルへ採用する重要キーワードが決まったら、続いて出品説明文を強化していきましょう。先程ライバルからピックアップしたキーワードの中でタイトル候補から外れてしまったものもあるでしょう。捨ててしまうのは勿体ないですよ！　探し出したキーワードは全て有効活用します。

商品タイトルから溢れてしまったキーワードは、出品説明文の中に

盛り込みます。ただし、キーワードのみの羅列は規約で禁止されているので自然な文章の中でキーワードを配置するようにしましょう。

　例えば、マタニティレギンスの残りのキーワード候補に「産前産後」「ルームウェア」「部屋着」「妊娠」といった単語があったとします。これらを使って自然な文章を作ってみると、「産前から産後まで使えるマタニティレギンスです。妊娠中のルームウェア、部屋着として最適です！」といった形になります。

　このように商品タイトルから説明文まで、検索キーワードを意識して作り込めばお客様に見て貰うチャンスを増やす事ができます。ここまで徹底しているライバルはほとんどいません。ただ、ここまで面倒な事をコツコツこなせれば、同じ商品を取り扱っていたとしてもライバルの倍のアクセスを呼び込み、大きな売上を手にする事が可能になるのです。

## 出品ページを分析して弱点を強化しよう

　出品ページを作り込み、実際に出品した後にさらにページを強化する方法も紹介します。ご自身の出品ページを分析する事であなたの弱点を知る事ができます。弱点を修正、強化する事でさらに売上を高めていきましょう！

　メルカリでは出品した商品の一覧ページで、各商品の閲覧数（ウォッチ数）といいねの数を確認する事ができます。ウォッチ数は目のマーク、いいねはハートマークにそれぞれ数字が表示されます。スマホからでも簡単に確認できるので、毎日サクッとチェックして改善点を把握しておきましょう。

**出品ページを分析（スマホでチェック）**

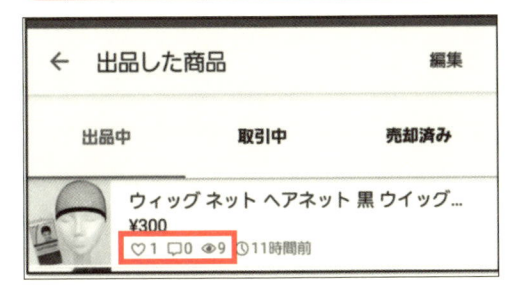

### ✿ ウォッチ数が少なければ検索キーワード

　ウォッチ数が少ない場合は、商品タイトルのキーワードが原因です。商品の売れ行きにもよるので明確な基準を一律に決める事は難しいですが、出品して24時間以上経っているのにウォッチ数が一桁の場合は明らかにお客様に見られていない状態です。

　適切な重要キーワードが商品タイトルに配置されているか、今一度チェックしてみると良いでしょう。

### ✿ ウォッチ数が多いのに売れない

　ウォッチ数は増えるのに、いいねが付かなかったり売れ行きが悪い場合は説明文に問題がある場合が多いです。商品説明が不十分で特徴やメリットを伝えきれていない、配送方法がわからないなど、お客様が購入判断に不安を感じる要素が無いか確認してみましょう。

　他にも価格設定が相場よりも高かったり、商品画像不足で商品詳細がわかりにくいというケースもあります。ライバルを参考に自分に何が不足しているかチェックしてみましょう。例えば、ライバルはサイズの詳細や使い方を画像に乗せているのに、自分だけ掲載していなかったなどの新たな修正点が発見できますよ。

自分自身のデータ分析「在庫管理」

一章
二章
三章
四章
五章
六章
七章

## ❀ 売れない原因はライバルが教えてくれる！

　徹底したデータ分析で売れる事が分かってる商品なのに、あなたの商品だけが売れないのは、売れているライバルにはあって自分には無いものがあるからです。それが何なのかは、日々のライバルチェックを続ければ自ずと見えてくるでしょう。

　一番売れている人には売れている理由が必ずあるはずです。売れている人と比べて何が違うのか？　何が足りていないのか？　という視点で答え合わせしていきましょう。検証と修正を繰り返す事で、あなたの出品力は全体を通してどんどんレベルアップします。諦めずにコツコツ作業を続ければ、はじめは苦労した出品も少ない労力で右肩上がりに売上が伸びる未来が訪れます。その未来は決して遠くは無く、すぐそこにある事をお約束します。

第六章特典：「在庫管理シート」

特典ダウンロードURL

https://ira.jp/l/u/tokuten/

七
章

# 「1日1万円」は 必ず達成できる！

# 01 毎日実践しよう！
ライバルチェック

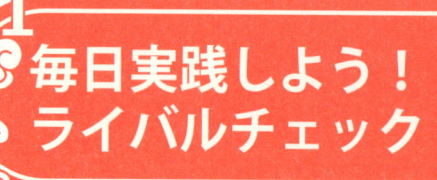

## ライバルチェクの必要性とは？

　本書では一貫してライバルチェックの重要性を強調していますが、なぜライバルチェックを行う必要があるのか一言で言えば「売るため」です。断言しますが、ライバルチェックを怠ればあなたの売上はどんどん下がっていってしまいます。

　商品の市場価格相場はいくらなのか？　売れ行きは？　ライバル数や強さは？　何も知らないまま出品を続けたり、仕入れても良い結果にはならないでしょう。

　ライバルチェックを行わないことの危険性は、盲目的に車を運転することに似ています。道路状況や他の車、信号を確認せずに車を運転し続けると、事故を起こす可能性が高まります。同様に、ライバルの動向や市場の状況を確認せずに商品を販売し続けると、値下がりが起きているのに仕入れを続けて赤字や不良在庫を抱えてしまったり、ライバルが品切れを起こしている販売チャンスを逃してしまうかもしれません。ライバルチェックはあなたの売上を守るためにも、売上を伸ばすチャンスを掴むためにも必要不可欠なのです。

### ❀ ライバルチェックは「間違い探し」

　販売価格を調査する行為はライバルチェックの重要な要素の1つである事は間違いありません。ただし、販売価格だけが全てではありません。あなたが取り扱っている商品を一番沢山売っている人と比較し

て、何が売れない要素になっているのかを探し出す事がライバルチェックの真髄です。

　代表的なチェック項目は「タイトル、キーワード、商品画像、出品説明文、出品カテゴリ」です。これを全て確認してはじめてライバルチェックを行っていると言えます。

　タイトルの順番は重要キーワード順になっているか、出品説明文は誰が読んでも分かりやすい文章になっているか、検索キーワードは網羅しているかなど、ライバルが実施しているのに自分はできていない事を「間違い探し」のように徹底的に比較して、修正や不足の追加を行っていきます。売れる要素を全て盛り込み、売れない要素は全て潰していくという意識を持って実施する事が重要です。

### ✿ 重要！　ライバルチェックは毎日実施！

　ライバルチェックは少なくとも1日1回は実施する事をおすすめします。毎日実施する事で、変化にいち早く気が付きすぐに対応できるようになります。

　例えば、ライバル間で値下げが起こりはじめてしまった時、自分だけ高い価格設定のまま放置するとすぐに売れなくなってしまいます。値下げ競争は数日で一気に加速します。気づくのが1日遅くなっただけでも、あなたの利益はゼロばかりか赤字化してしまう可能性もあります。早い段階で気がつければ、利益を残しながら撤退する事もできます。もう利益が取れない商品なのに、知らずに追加発注してしまうという失敗も防げるでしょう。

　ポイントは売れなくなる前の変化に気がつく事です。売れなくなってからではもう遅いです。あなたの主力商品である1,000円の商品をライバルが様々な対策をして毎日3個売れるようになったとしましょう。強いライバルが登場している事を知らなければ、あなたの販売シェア

は一方的に奪われてしまいます。1,000円が毎日3個であれば1日3,000円、1ヶ月で9万円を売り上げる機会を失ってしまうのです。

　ライバルチェックはやって当たり前です。稼いでいる人は必ず毎日の習慣として定着しています。中国輸入×メルカリビジネスで稼ぎ続けたいと思うのであれば、毎日顔を洗う、歯を磨く、ライバルチェックをする、といった感じで生活習慣の中に組み込んでいきましょう。面倒と感じるかもしれませんが、あなたが思う以上の売上アップを見込めますよ。

## ライバルチェクはスマホで素早く実施しよう

　ライバルチェックの基本はスマホで実施します。なぜならメルカリのお客様はほとんどの方がスマホから購入されるからです。顧客目線に立って、スマホ表示された状態で売れやすいページなっているか確認する事が大切です。また、スマホであれば空いた時間に素早くチェックする事ができます。時間を有効活用して毎日自然に実施できるようにしましょう。それでは、具体的なライバルチェック方法をご紹介します。

### ①商品のメインキーワードで検索する

　メルカリの検索窓へあなたのメインキーワードを入力して商品検索を行います。「新しい順」を指定してから価格帯を商品相場価格で絞り込んで検索しましょう。商品価格は値下がりの可能性を考慮して相場よりも少し安いところから広めに設定するのがおすすめです。
　さらに、「新品、未使用」、「送料込み（出品者負担）」、「売り切れ」の3点セットにチェックを入れて検索開始です。なお、検索キーワードを沢山入れすぎてしまうとチェック漏れが発生します。まずはメインキーワードだけで検索してみて、異なる商品ばかりになってしまう

場合のみキーワードを少しずつ追加して、ライバルの商品を見落とさないよう気をつけながら調整していきましょう。

## ②検索条件を保存する

　ライバルの商品が検索できたら、一番下に表示されている「この検索条件を保存」をタップしましょう。プッシュやメールでの通知はオフで問題ありません。「完了」をタップして保存完了です。

　先ほど、チェック漏れを防ぐために検索キーワードは必要最低限にする事をおすすめしましたが、商品によってはメインキーワードが複数存在する場合があります。例えば、ヘッドライトとヘッドランプというキーワードが両方とも良く検索される商品を取り扱っている場合は、もう一度新たに別々に検索してキーワード毎に検索条件を保存しておきます。これで全てのライバルを網羅できるでしょう。一番売れているライバルは、実は別キーワードで売っていた。というチェックミスを避けるようにしましょう。

### 検索条件の保存方法

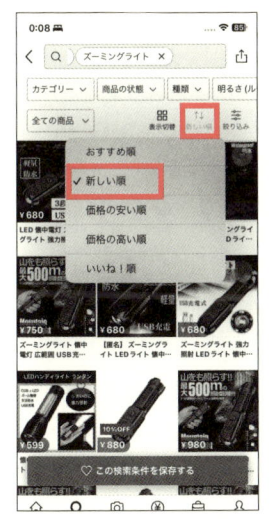  

207

　検索結果をすぐに確認できるようになったら、まずはじめにどの人が一番売っているのかを必ず確認します。一番売れているのが自分自身であれば修正は必要ありません。もし、別のライバルが一番売れていて値下げをはじめたら、あなたもその場ですぐに価格を調整しましょう。一番売りたいのであれば値下げは躊躇しない事がポイントです。

　続いて、良く売れている人のタイトルや出品説明文を確認します。あなたの出品ページに足りていない項目はありませんか？　知らないキーワードが追加されていた、説明文がより詳細になっていた、といった点があればこちらも即修正します。文字の追加や修正だけで済む場合は後回しにしないで今すぐ実施してしまうのが、売上を下げないコツです。商品画像が追加されていたり、加工された画像の追加が確認できた時は時間を作ってじっくり修正しましょう。ただし、簡単な修正で済むのであればすぐに対応してください。後回しにしていたらその分売れなくなると思ってくださいね。

　また、出品カテゴリや配送方法についても確認します。売れている人と同じカテゴリで出品する事も大切です。配送方法の配送日数については、ライバルが即日発送に対応しているからと無理に合わせる必要はありません。配送について、「お客様が不安にならないように詳しく書かれているか？」「ライバルはどのように不安材料を無くしているか？」に注目して修正します。売れているライバルにあって、自分には無いものは何かを徹底的にチェック、修正を繰り返しましょう。

---

## 見るべきポイントとチェック後の修正

**一番売れているのは誰なのか？　相場は？**
- 値下げされた ➡ その場ですぐ修正
- 不足点や誤りに気づいた ➡ すぐ修正
- 画像で負けている ➡ 時間を作って修正
- カテゴリ／配送方法や配送日数もチェック

---

　ライバルと比べて何が足りていないのか、間違い探しをして修正を繰り返すのがライバルチェックです。出品価格の修正のみでは、ただ安売りをするだけで価格競争に巻き込まれて苦しい思いをするだけです。売れている人は「どう売っているのか？」を徹底検証してください。

　「一番売れている人は誰ですか？」「今売れている価格相場はいくらですか？」「現在のメルカリでの需要状態は？」といった問いにいつでも即答できるようになりましょう。

　前は売れていたのですが……確か、この人が一番売っていた、はず……と答えが曖昧になってしまう場合はチェックが甘いと思ってください。

　答えは売れている人が全て持っています。何度もお伝えしますが、売れなくなってからでは遅いです。稼いでいる人は必ず毎日、正しいライバルチェックを実施しています。それこそがあなたの売上を守り、今後も長く稼ぎ続けるための最大の秘訣なのです。

## 02 商品が売れない時の対処法

### 「やったつもり」になっていませんか？

前項でも解説した通り、売れない原因はライバルチェックで見つけ出す事ができます。キーワードが間違っている、出品価格が適正ではないなど修正するべき点がすぐに見つかる事も多いでしょう。

当然ですが、修正するべき点を見つけただけで実際に修正を行わなければ何も変わりません。ところが、売れないと悩んでいる方の多くが考えてばかりで「やったつもり」になって、実際には手を動かしていない状態です。実は、やることが分かっているのに行動できないのが売れない本当の原因なのです。キーワードが間違っている事が分かっているのであれば、とりあえず変更してみましょう。あれこれ考えている暇はありません。検索されなければ出品していないのと同じなのです！

また、はじめの出品価格からどうしても値下げできない方も多いようです。高く売っている人の値段が気になってしまい、もったいなさを感じてしまうようですが、その高く売っている人は本当に売れているのでしょうか？　おそらく売れていないでしょう。そうであれば値下げは躊躇しない！　原則に則って、素早く値下げしてしまいましょう。

#### ✾ 自分では気が付きにくい修正ポイントに注意！

ライバルチェックの中で、出品説明文や出品画像の修正点は自分で

は気が付けない場合があります。無意識のうちに紛らわしい画像や説明をしてしまい、お客様の購入を迷わせてしまうので注意が必要です。

　例えば、黒色の商品を売っているのに2枚目以降の商品画像は色違いの赤色の商品を掲載しているといった事例があります。これは中国の仕入れサイトで同色の画像素材を見つけられなかった。などの理由から起こりますが、それはあくまで出品者側であるあなたの理由でしかありません。お客様は黒色の商品を購入したいと思って商品ページを見ています。それなのに、商品詳細を見たら赤色の商品写真になっていては「もしかして、赤が届くのかな？」と不安に思ってしまいます。お客様は不安に思った瞬間に戻るボタンを押します。あなた自らがお客様をページの外へ連れ出してしまっているのです。

　私達は売れる商品を取り扱っているので、他にも同じ商品を出品しているライバルが存在します。戻るボタンを押されれば、他のライバルから購入するでしょう。黒色の商品を売っているのであれば、商品画像はなんとしてでも全て黒で統一するべきです。あなた都合の自分勝手な理由で曖昧で不安を煽る出品ページになっていないかしっかり確認してみましょう。

　また、配送手段についても詳細に記載しておく事もポイントです。出品ページ作成の基本事項であり、すでにお話している部分ではありますが、忘れがちな重要ポイントなので再度ご紹介します。
　商品到着時は対面なのかポスト投函なのか、どうやってお客様の手元へ届くのか、発送日や発送後何日くらいで届くのかを全て出品ページに明記します。これだけで購入率は確実に上がるので必ず実施してくださいね。

　とにかく、戻るボタンを押されたらお客様は二度とあなたのページ

には帰って来ないと肝に銘じておきましょう。戻るボタンと共に「いいね」も外される可能性が非常に高い事も分かっています。自ら売れない理由を作り出さない事が重要です。

### ✻ 「8つのサイクル」を再確認しよう

　「中国輸入ビジネス×フリマアプリで稼ぎ続ける8つのサイクル」を覚えていますか？　詳しくは第2章を再確認頂くとして、本項でのお話は4番目の「売れる商品ページ作り」についてです。8つのサイクルの中でも最も重要だと言い続けている出品ですが、ただ出品したからと言って勝手に売れてくれるわけではありません。あなたの商品が売れるかどうかは出品ページ次第なのです。

　まず出品してみるのは非常に大切ですが、業務に慣れてきたらページの作り込みも積極的に行いましょう。ここに力を注いでいる人とそうで無い人では、明らかな売上の差が生まれます。放ったらかしで売れることは無い、眺めていても誰も見てくれない、という意識を持ちましょう。

　何も対策をしなければ、あなたの商品はどんどん下の方へ追いやられるでしょう。商品ページが見られる確率が更に下がっていく事をもう一度思い出してください。どうすれば売れるようになるのか、売れない原因を探り改善するのが8番の「データ分析から修正を実施」です。これこそが本章で紹介しているライバルチェックであり、この作業を繰り返す事によって、はじめて8つのサイクルが完成するのです。

　ちなみに、3番の「中国輸入で格安仕入れ」については心配する必要はありません。商品が売れれば売れるほど発注量が増えるので、自然に仕入れ値は下がってきます（数個の仕入れよりも大ロット発注の方が仕入れ値が安くなります）。8つのサイクルを回して、売上が増えれば自ずと格安仕入れになり、さらに好循環が生まれます。だからこ

そ、まずは売る事が重要なのです。

　テスト仕入れの段階で大きな利益が取りたいという気持ちも分からなくは無いですが、私達のビジネスの本質ではありません。テスト仕入れは後に花を咲かせるための種まきのようなものです。より大きな収穫ができるよう、時間とお金を目的と異なる方向へ使わないように注意しましょう。

「1日1万円」は必ず達成できる！

# 03 それでも売れない時の対処法

## まずは状況把握が最優先

「答えはライバルが持っている」のは同じです。まずはライバルを確認して、あなたを取り巻く状況を再確認しましょう。具体的にはライバルの出品価格と最も売れている価格相場を把握します。続いて、ライバルのいいねの数をチェックしていきます。

ライバルのいいねの数は、ライバルの商品ページを見れば確認する事ができます。メルカリにログインしてマイページにある「いいね！一覧」を表示させるとチェックがしやすくなります。ライバルの商品をいいねしても良いのか気にする方もいますが、全く問題ありませんので気にせず進めていきましょう。

ポイントはライバルと自分の商品を比較した時に、いいねの数が多いか少ないかです。あまりにも自分のいいねが少ないのであれば、売れる要素が無いという証明になります。修正の必要がある出品ページとしてマークしておきます。考える必要があるのは、売る事よりもいいねやアクセスを集める事です。お客様はキーワードで商品検索を開始します。検索結果に一覧表示された商品から、価格が安いものを探して出品写真を見ながら、自分が求めているものに合っていそうな商品を選択します。そして、他の商品とも比較検討しながら一番良さそうと思った出品者から購入する道筋を辿ります。

まずはお客様に「良さそう」と思わせ、あなたの商品を比較検討候補へ採用して頂く事が第一関門であり、売るために最も大切な事です。だからこそ、はじめのアクセスといいねを集める必要があり、ベンチ

マークとして最適な指標となるのです。

## 🌸 ライバルよりもいいねが多い場合（けど売れない）

いいねの数をライバルと比べてみると自分の方が多いのに、自分の商品だけ売れ行きが悪い場合は出品ページ内に問題があります。やるべき事は良く売れているライバルと出品ページを比較して足りない部分の追加と修正です。

商品の1枚目の画像や説明文を徹底的に見比べながら、できる事から順番に進めていきましょう。その際、一気に全てを修正するのでは無く、1つずつ追加や修正を加え効果測定を行い、観察しながら進める事をおすすめします。例えば、まずは販売価格を揃えてみてしばらく様子を見てみる。それでも売れない場合は説明文を修正して様子を見て……といった流れで実施しましょう。

効果測定を行いながら修正を実施すると、それぞれ異なる商品でも同じ施策で売れ行きが伸びる事があります。それこそがあなたの弱点であり、改善するべきポイントとして見えてくるでしょう。あなたのウィークポイントが特定できれば、次回新商品を出品する際にあらかじめ対策を行い弱点を強化する事も可能です。

商品ページの修正や追加は、やみくもにやるのではなくポイントを意識した上で計画性を持って実施していきましょう。今後のあなたの売上安定や伸び拡大の好循環を生み出せますよ。

## 🌸 ライバルよりもいいねが少ない場合

逆にいいねの数、売れ行きもライバルに負けている場合は、キーワードやトップ画像、スパム出品者に問題があるかもしれません。この場合、あなたの商品はお客様に見られていない事を意味します。

いいねが少ない場合は、そもそも検索されていないのか、1枚目の

トップ画像が悪いのか仮説を立てて、まずはどちらかの修正を実施します。検索されていないのであればキーワードに問題があります。商品タイトルを中心にライバルとの違いを比較して修正を行いましょう。

　トップ画像に原因がある場合は、どんな商品なのか分かりづらい事がほとんどです。先程お話したように黒を売っているのに赤色の商品画像を使っていたり、他のライバルと比べて画像がシンプルすぎて、検索結果ページに埋もれてしまっている事もあるでしょう。
　せっかく検索結果に表示されているのに画像で損をしてしまうと、一瞬でスクロールされて通り過ぎてしまいます。自分が購入者だったらどんな画像に惹かれるか、実際に購入するつもりで検索してみると良いでしょう。ついついスクロールを止めて気になってしまった商品画像が、あなたの目指すべき答えとなります。

　また、キーワードや画像が正しくてもスパム出品者が増えて、どんどん出品されて一瞬で上位表示から外れて埋もれていってしまう場合もあります。スパム出品者が多くなってくると何をやっても売れにくくなるので、早めの対策が必須です（だからこそ毎日のライバルチェックが重要です）。
　スパムで埋もれはじめたら、できる限り早めに価格で勝負するしかありません。損しない程度に処分価格へ値下げし、即撤退を実行しましょう。スパムが収まるまで在庫を保管しておくという手もありますが、健全なキャッシュフローを実現するために早めに現金に戻しておく事をおすすめします。赤字にならない程度で撤退できれば仕入れ値（原価）はそのまま戻ってきます。そのまま在庫を持っているという状態は、ずっと損をしているという事になります。出品しないで保管しているので、それは仕入れただけで何もしていないのと同じ状態です。

　私達のようなスモールビジネス環境では、ひとまず在庫を取ってお

くといったような中途半端な事はしないで、売れるか売れないかを即判断しキャッシュをすばやくスクエアに戻しておく事が今後のビジネスでキャッシュに困らない最善策と言えるでしょう。

## ❀ 自分の利益優先型ではとにかく売れない！

　ページやキーワード、画像を修正しても一向に売れない時の最後の手段は価格の調整です。売れている人よりも少し安くする事で売り切る事ができるでしょう。効果的な値下げ方法については、第5章の上位表示テクニックも再度ご確認ください。

　値下げをしたら利益が取れなくなると相談される事もありますが、一度あなたの販売履歴を確認してみてください。値下げ前の価格でその商品は売れていますか？　おそらく売れていないでしょう。利益が取れない前に、その商品を持っていたらずっとマイナス状態である事に気が付きましょう。売れない、利益が無いと、くよくよ考えている暇はありません。

　考えている時のあなたの時給を換算してみてください。例えば時給1,500円なら1分間25円もします。1分考えていたら25円失うと考えましょう。値下げを躊躇したり何もしないであれこれ考えているのであれば、見切りをつけて素早く実行、行動して次へ進みましょう！

　自分の利益優先型で考えてしまうと、行動が止まってしまいとにかく売れなくなります。本項で紹介した内容は実行すればお金に変わる事ばかりです。お金になれば今まで苦痛だった作業も楽しくなるでしょう。楽しみながらお金をどんどん稼いでいってくださいね。

## 適切な価格設定を マスターしよう！

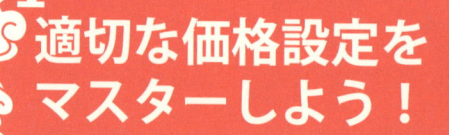

### 価格設定の良くある3つの間違い

　まず、結論からお伝えすると価格設定の基本はライバルチェックからはじまります。適正価格はライバルや市場状況を理解する事で見えてくるものです。この基本的な作業が出来ていない方が意外と多く、当然売れるようにはなりません。まずはライバルチェックについて一通り理解した上で価格設定の考え方を身に付けていきましょう。

#### ✿ 間違い①：都合の良い解釈で価格設定

　商品相場価格では無く、高く売れている商品に合わせたり、スパム出品者を基準に価格設定するのは間違いです。この間違いは比較的男性で、年齢が高めの実践者に多い傾向があるようです。

　スパム出品は大量に出品して常に上位表示された状態を作り出します。上位表示されれば価格設定が高くても、たまたま売れてしまうという事もあるのです。それを売れている、相場が上がっているという都合の良い勘違いで価格設定を間違えてしまうのです。

　あなたもスパム行為を行っていれば売れるかもしれませんが、それは長く続けられるビジネスではありません。実力が伴わない一時的にしか稼げない手法なので、安定した収益を得続けたいのであれば真似しない事をおすすめします。

## ❀ 間違い②：なんでもかんでも最安値設定

　一方、どんな場合でも常に最安値で価格設定を行っている方もいらっしゃいます。悪い事では無く簡単に売れる方法ではありますが、裏を返せば誰にでもできる戦略とも言えます。

　初心者でも、出品が下手でキーワードがずれていたり出品説明文や画像も魅力的で無くとも、とりあえず安くすれば売れてしまうというのもメルカリの市場特性です。

　簡単に売れてしまうという魅力はありますが、利益も簡単に減っていくという最大のデメリットを忘れてはいけません。さらに、まだ値下げをしなくても良い市場状態でも無駄な価格競争を自分で生み出すきっかけにもなり得ます。

　価格競争が起これば一気に利益が取れなくなり赤字化のリスクが高まります。商品寿命が短くなり、ライバルから嫌がらせを受ける事もあるでしょう。値下げして売っているだけでは、あなたの販売力も向上せず、ただただ身を削っているだけという状態です。売上は上がるけど、なかなかお金が残らないという苦しい現実が続く事になってしまいます。

## ❀ 間違い③：リサーチ時の価格設定でそのまま販売

　リサーチ時のプランニングシートへ記載する「販売予定価格」はあくまでリサーチ時点での想定価格であり、その後テスト仕入れを行い実際の本出品まで辿り着くのは早くても2週間後となります。

　リサーチした時の価格のままで売れているケースは少ないので本格的な販売前に必ず相場の再チェックを行いましょう。常に現状相場の把握ができていないのは、市場を見ずに自分の都合で価格設定をしているのと同じです。出品時に競争が起こってしまっていたら、全く売れず赤字と不良在庫を抱える結果となってしまいます。

この3つはとてもよくある事例ですが、最安値設定でも駄目なのであれば「じゃあ、どうすれば良いの？」と悩んでしまうでしょう。そこで、その解決策を詳しくお伝えします。

### ✿ 価格設定の基本の考え方

価格設定は自分の売りたい価格で売るのでは無く、常に相場価格で売る事です。ご自身で市場価格を見極めてコントロールする事が大切です。

相場価格とは、「一番売れている価格」を意味します。ライバルチェックを行い、まずは最も売れている価格帯で出品します。無理に最安値に設定する必要はありません。一番安く売られている価格が最安値。一番良く売れている価格帯が相場である。という点を理解しておきましょう。私達が設定しなくてはいけないのは相場価格です。沢山売りたい場合は、相場よりも少しだけ（1〜10円程）安く設定するのも良いでしょう。この基本的な考え方を抑えておいてくださいね。

## ケース別価格設定の考え方

相場価格で販売していてもなかなか売れてくれない場合は、その商品を取り巻く市場状況に変化が起こり始めているサインです。状況に合わせて適切な価格設定を行うために、代表的な4パターンを知っておきましょう。状況を理解して価格設定法を使い分ける事で、商品が売れなかったり赤字になるリスクを徹底的に排除できるようになりますよ。

### ✿ まだライバルが少ない場合

ライバルチェックをしてもライバルが4人以上見つからないにも関わらず、商品はよく売れるのは非常に良い条件です。相場と同価格帯で出品するのも良い方法ですが、相場よりも1円〜10円ほど安く出品

するとより良く売れるようになるでしょう。ライバルが少ない状態でライバルも安心している状態なので、少し値下げしたとしても気づかれず競争が起こらないのです。

また、こういった商品は競争が激しくないのでライバル自体も弱い傾向があります。その中で少しだけ安い価格帯で売る戦略であなたのシェアを取っていきましょう。

値下げすると競争が起こる事を心配する声も上がりそうですが、結局のところいつかは値下げ競争が起こるものです。そうであれば、競争は起こされるよりも起こす側に回る方が絶対に有利に戦えます。

ライバルが少ない商品はしばらく利益を独占する事ができます。しかし、多くの人が気づき始めた時、競争が起こりやすいリスクも抱えています。その競争をあなたがコントールし、この価格は自分が操作しているんだという意識を持てば、しっかりと利益を取った上で絶妙なタイミングで撤退する事もできるでしょう。これがライバルが少ない時に売上を上げる最も理想的な方法です。

### ✿ ライバル増加中、価格は横並びの場合

ライバルが増え始めているけれど、まだ皆同じ価格で売っている状態の時は、まずは一番売れている価格帯に合わせて様子を見ながら出品するのが基本的なスタンスです。様子を見る期間は1週間から2週間程度が目安です。

その間、同じ価格設定で売れているようであれば問題ありませんが、ライバルに負けてしまっている場合は、売れているライバルの出品ページをチェックして修正を加えていきます。

価格が下がり始めて競争がはじまったら1円〜10円安くする販売方法へ切り替えましょう。ライバルが増加する中での価格競争は、始ま

ると一気に加速する事を忘れないでください。あなたが値下げすれば、遅くとも次の日には気が付かれてどんどん値下げラッシュが起こるでしょう。

　無駄な値下げ競争を起こさないためにもまずは同じ価格帯から出品をはじめて、値下げが起こってしまったら率先してこちらも販売方法を変更します。素早く対応して価格コントロール権を奪われないよう、日々のライバルチェックを怠らない事が大切です。

### ❀ ライバルが多く、自分だけ売れていない場合

　ライバルが増え続けていて同じ価格帯で自分の商品だけが売れずに困っている場合は、状況によって対応方法は異なりますが、一番考えられる原因としてはあなたの出品に問題がある点でしょう。他のライバルが売れているという事は商品自体に問題は無いはずです。極端な値下がりが起こっていなければ、まさに出品方法に問題があると言えます。

　この場合、安易に値下げに踏み切る前に価格以外を修正する事を考えます。まずは出品価格はそのままでタイトルや出品説明文、キーワード、1枚目の画像など1つずつ修正を加えて様子を見てみましょう。順番に修正と検証を行う事で、何が悪いのかが見えてきます。

　一方、全く売れない、急に売れなくなった、このままだと在庫が残ってしまう、季節商品なので早く売り切る必要がある、月末の支払いがあるのに現金が足りない、といった緊急性が高い場合は5%〜10%の値下げを実施しましょう。急いでいる場合は悠長な事を言っている時間はありません。すぐに実行してください。時間ばかり無駄になり、悩むだけ悩んで結果的にお金にならないという失敗に繋がらないよう躊躇せず思い切って大幅値引きを行ってくださいね。

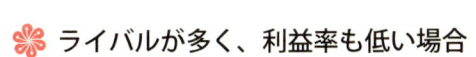

## ✿ ライバルが多く、利益率も低い場合

一番望んでいないケースですが、その商品に関してはもう飽和状態という事になります。撤退時期が近づいているので、躊躇せず10%以上の値下げを今すぐ実施します。飽和状態になったら考えていても仕方がありません。もう利益が取れないラインに来る前にどんどん値下げして在庫処分を行いましょう。

利益よりも現金化を優先する事を忘れないでください。ここでは10円でも高く利益を取りたいという考えは捨てるべきです。値下げを踏みとどまって考えている暇はありません。時間の経過と共に値下がりは加速します。やっと決心した時にはすでに時遅し。泣く泣く赤字処分となるかもしれません。くよくよ考えている時間もあなた自身の時給を無駄にする行為です。

あなたが何よりも大切しなくてはいけないのは「時間」です。不良在庫、赤字化する前に現金化する事を最優先し、失敗しないで次に繋げる行動を取りましょう。

上記4つのパターンはどの内容も難しい作業ではありません。何となく理解している方も多い部分ではありますが、分かっているのに出来ない人が多いのも事実です。それは、これらのパターンの基準がぼんやりしているからです。今回、明確な基準で各ケース毎の対応法を解説しました。日々のライバルチェックの中で、今この商品はどのステージなのかを意識しながら適切な価格設定を実施し、市場価格をコントロールしてくださいね。

## ライバルの心理を読み解こう

適切な価格設定をマスターするには、兎にも角にも徹底したライバ

ルチェックが不可欠です。今いくらで売れているのか？　ライバルは
どれくらいで、キーワードは何なのか？　など市場状況を知る事が重
要です。

　私が耳にタコが出来るほど同じ事をお話ししているのは、いつも売
れないと相談してくる方は、ライバルとキーワードがずれていたり、
価格設定が間違っている事ほとんどだからです（たいてい、高く売っ
ています）。
　そして、ライバルチェックをしているか尋ねると、最近していませ
んと返ってきます。それでは売れないのは当然です。

### ❀ ライバルの心理を読むとは？

　実は、メルカリであなたのライバルになり得る販売者はほぼ私の生
徒さん達です。先輩達は基本的には出品が上手で、価格の勝負を仕掛
けてくる場合も多いでしょう。あなたは強いライバルとの戦いに挑む
必要があるのです。
　しかし、強いライバルの戦略は今説明した通りです。皆同じノウハ
ウを持っていて、よく売れている先輩であればこそ、その通りに実践
してきます。

　そうであれば、あなたは既に強いライバルの戦略を熟知している立
場にあります。次はこうしてくるだろうから、私はこうしてみようと
いう心理戦を楽しみながら対等にビジネスを進められるのです。この
戦いに勝つのはそんなに難しい事ではありません。なぜなら皆同じ事
をやってくるのですから。

　こうなったら、次の展開はこうなるという未来が分かるので、あな
たは「失敗」という結果にならないように対応すれば良いだけです。

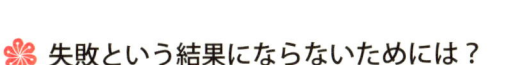

## ❀ 失敗という結果にならないためには？

　私達の定義する「失敗」とは、在庫が残り売れない事である。とお話ししたのを覚えていますか？

　失敗に一番近づいてしまうのは、出品中の商品が飽和状態になった時です。飽和状態の値下げ競争はあなたが思っているよりもずっと激しいものになります。常に先回りしていち早く撤退準備を行い、赤字前に現金化する事で必ず失敗は避けられます。

　先回りできるようになるのは多くの事例を知る事です。市場の事例を沢山経験する事で次にどうなるのか？　次は何をすれば良いのか？

　が読めるようになってきます。これは訓練のようなもので、継続すれば誰にでも身につきます。


　今日は忙しかったから、今日は疲れていたから、は理由になりません。売上が高い人はこういったセリフを一切言いません。何も言わずに、当然のように毎日行動しているのでその結果として売上がついてくるのです。

# 自分の首を絞める リサーチ法

## 自分の首を絞めるとは？

　リサーチが苦手な人には共通する特徴があります。その特徴とは、自分の理想とする商品を求めすぎて、無意識のうちにリサーチの幅を狭める行為を行っている事です。これこそが、自分の首を絞める原因となります。詳しく見ていきましょう。

### ✳ キーワード選びの勘違い

　本書でも基本リサーチ法の1つとして「キーワードリサーチ」をご紹介していますが、リサーチの手がかりとなるキーワードは自分で考えるものでは無いという点に注意しましょう。

　リサーチが苦手な方はこのキーワードを自分で考えてリサーチを実践するという勘違いをしてしまいます。自分の頭の中に浮かんでくるキーワードはたかが知れています。自分自身の中からは知っている知識の範囲内のキーワードしか出てこないからです。

　結果として何度も同じ商品やジャンル、出品者しか見る事ができず、リサーチ範囲が限定されます。すると、同じ場所から抜け出せず、すぐにネタ切れになってしまうのです。

　特定のジャンルや同じような商品を売っていれば、商品知識も増えて丁寧な販売が行えるようになるメリットもあります。ただ、そのジャンルから抜け出せずに売上が頭打ちになったり、新ジャンルリサーチが億劫になってしまうデメリットも忘れてはいけません。

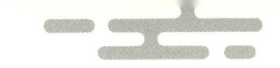

リサーチキーワードは常に自分の外側へアンテナを張る事が大切です。各種ECサイトの売上ランキングやSNSでの流行商品などからキーワードを探し出し、新しい刺激を受けながらジャンルにこだわらない幅広いリサーチを心がけましょう。

### ✿ リサーチできないカテゴリーは無い！

自分が知っているジャンルやカテゴリーに縛られて抜け出せない方も多いようです。リサーチしやすいカテゴリーも存在しますが、狙いすぎると毎回同じ商品、ライバルに行き着き振り出しに戻ってしまいます。

例えば、食品カテゴリーは中国輸入商品は無いはずと一度もリサーチ対象にした事が無いかもしれません。確かに直接的には対象商品は無いでしょう。ただ、どのカテゴリーであっても良く売っているパワーセラーは存在します。そういったライバルが他に扱っている商品をリサーチする事で、間接的に儲かる商品を見つけ出す事も可能なのです。

リサーチの視野を広げ、自分が知らないジャンルやカテゴリーにもチャレンジする事で、新たな商品を発見する確率が高まります。多くの人が見落としている穴場が発見できれば、あなただけのお宝商品に巡り会えるかもしれませんよ。

### ✿ 価格を絞り込みすぎる

リサーチに慣れてくると利益をたっぷり取りたい気持ちから、リサーチ対象の価格帯を上げすぎてしまう傾向もあります。高単価商品を狙うのも良いのですが、そうそう見つかるものではありません。

はじめは価格帯を広く取って徐々に狭めていく、という基本を忘れ

「1日1万円」は必ず達成できる！

てはいけません。出品価格が安くても、仕入れ値が格安で利益率の高い商品も沢山存在します。最初から高単価だけに絞り込んでしまうと、見つかるはずの商品を見逃してしまいます。

　また、メルカリのキーワード検索からライバルの商品をリサーチする際も、同じ商品が並んでいる中で相場価格よりも高い金額設定に注目しがちです。沢山売れている中でたった数個しかない高単価設定に目を奪われてしまうと、実際には売れない価格で仕入れ判断をしてしまいます。

　いつまで経ってもリサーチが上達しない、苦手意識が拭えない方は上記のように、キーワード、カテゴリー、価格帯を自ら絞り込んでしまっているケースがほとんどです。視野を広げれば儲かる商品はまだまだ沢山眠っているでしょう。幅広い目線で、今一度ご自身のリサーチ方法を見直してみてくださいね。

## リサーチ成功率を上げるには？

　リサーチの視野を広げると言っても、やみくもにリサーチするのは非効率です。できる限り仕入れ対象となる商品を見つけられる確率を上げなければ、大切な時間を無駄に過ごす事になるでしょう。
　リサーチ成功の確率を上げるには、見つかる確率が低い場所を避けて通る事です。前項でお話した内容と矛盾しているようにも聞こえるかもしれませんが、キーワードやカテゴリーを絞る事とは意味が異なります。キーワードやカテゴリー、価格帯のフィルタリングではリサーチの成功率を左右する指標はありません。しかし、違う角度から眺めてみると全ての条件に当てはまる「あなたが避けるべき指標」が浮かび上がってくるのです。ここでは、あなたが避けるべき2つの指標をご紹介します。

## 🌸 上手に画像加工されている商品

　商品写真を編集し、まるでECサイトのような綺麗な画像が乱立している商品はリサーチ対象外とします。画像加工は商品の販売力を確実に高めます。将来的にはあなたの目標となる出品者像ではありますが、ビジネスをはじめたばかりのタイミングでは画像にまで手を出す事は難しいでしょう。

　いきなり画像加工が前提になっている強い市場に飛び込んでも良い結果にはなりません。画像加工が上手いという事は、すでにそれなりの教育を受けている他の物販スキルも高い上級者でしょう。つまり、勝てない相手とはケンカはしないという事です。

　勝負を挑んでみる姿勢はとても素晴らしいと思います。ただ、自分自身との実力を見極めて勝てる見込みがある勝負を選択する事も安定した収益を上げていくポイントです。

## 🌸 出品者が多すぎる商品

　ライバルが多すぎたり、スパム出品が横行している商品はたとえ利益が取れそうな状態であっても見送る事をおすすめします。特にスパム出品者は大量に出品する事しか考えていません。あなたが真っ当に出品したとしても、どんどん上から被せられてしまい自分の商品を見て貰えなくなります。

　あなたの出品ページを見つけて貰えない状態ではどれだけ画像加工が上手くても、出品説明文が魅力的でも決して売れる事は無いでしょう。ライバルやスパム出品者が溢れている状態で勝つには、価格を誰よりも安くするしか方法はありません。

　ビジネスをコツコツと実践していけば販売数が増え、あなたも大量仕入れができるようになるでしょう。すると、仕入れ値を抑える事が

できるので最安値販売も可能になります。ビジネスを続ければ続ける程、勝てる戦いは増えるでしょう。その時が来るまで、力を磨いておいてくださいね。

## ❀ 売上を上げるために必要なリサーチ力とは？

リサーチが上手くなるためには自分の都合ばかり見るのではなく、ライバルや市場の状況を徹底的に観察する事が重要です。そして、その中で自分は何をすれば売れるのか？　勝てる要素があり、実際にその方法をイメージできるかが鍵になります。

今、その商品の売上を左右する一番の要素は何なのか（画像、価格、タイトル、説明文、プロフィール、出品するタイミング、市場在庫状況など）売れる理由を観察して、自分がすぐに行動へ移せるかを考えながらリサーチを進めましょう。何をやれば売れるのか分からない商品は、たとえ利益だけは合格ラインであっても結局は売れないのでやめておくべきです。

難しそうに聞こえるかもしれませんが、リサーチ上達は自転車のようなものです。はじめは上手く乗れずに多少転んだりするかもしれませんが、練習を続ければ普通に乗りこなせるようになっていきます。

リサーチも何度も練習を繰り返す事で必ず上手に運転できるようになります。そんなに難しい事ではありませんし、ここまで本書を読み進めて頂いたあなたであれば、ある程度強力な戦況でも勝てる実力はすでに身に付いています。

「1日1万円」の世界はすぐそこです。コツコツ楽しみながら実践を続けていってくださいね！

# 違いをもたらす
# 違いとは？

# エピローグ
# 違いをもたらす違いとは？

## 誰にでもチャンスがある！

　本書では中国輸入ビジネスを少しでも身近に感じ、「売れた！」という経験を味わって頂けるよう、昔も今も、そしてこれからも稼ぎ続ける事ができるビジネスモデルを惜しみなく公開しました。今回ご紹介した内容は私をはじめ、生徒さん達が実践している生の手法であり、実際に毎月30万円〜100万円の売上は当然の事。多い方は1億円を超える売上を叩き出している自信を持ってお勧めする、真っ当な「お仕事」です。

　世の中には、病気や介護など様々な理由があり働きたくても外に出る事ができない。それでもお金を稼がないといけない事情がある方が沢山存在します。今の収入では生活するのが精一杯、老後が不安、借金で首が回らない、シングルマザーの方などなど、多くの方から相談を受け、その悩みを少しでも解決してあげたいという思いから生まれ、微力ではありますが手助けする事ができるようになってきました。

　私自身、大きな借金を負い壮絶な貧乏生活で苦しんだり、家族の病気など目を背ける事のできない現実に直面しながら、なんとか乗り切ってここまで来ました。あなたには私のような思いは決して味わって欲しくない、お金に悩んで欲しくない、ビジネスで失敗して欲しくないという強い気持ちで、ビジネス（お金儲け）の本質も随所に埋め込んだつもりです。

中国輸入ビジネスは、上記のような方だけでなく、社会人（副業）、学生、主婦、退職後の方など誰にでも、いつからでも始める事ができます。あなたの生活スタイルや時間に合わせて小資金でご自宅でも実践できる、どんな状況でも平等にチャンスを掴めるビジネスモデルなのです。

　とはいえ、売上が上がるタイミングは人それぞれです。実践後数ヶ月もしないうちに数十万円以上売り上げてしまう方もいらっしゃる一方、数年経っても10万円の売上を超えられず、やっとの思いで売上を伸ばし続けている方もいらっしゃいます。その違いはどこにあるのでしょうか？

## 最短で成果を上げる人の日常

　成功率が限り無く高いノウハウでも結果のタイミングに差が出るのは、センスや才能はほとんど関係ありません。重要なのは日々の業務の中で売上を伸ばす作業を優先しているか、ただそれだけです。
　力を入れるべきポイントに集中すれば誰にでも素早く成果に繋げることができるのです。最短で成果を上げる人は何をしているのか？最後にお話ししましょう。

　なかなか売上が伸びない人に多い特徴の1つに、発送に関する部分で時間を使いすぎているという点が挙げられます。特に毎日発送作業をしている方は注意が必要です。
　毎日発送は一見良い事のように見えますが、一生懸命発送しても売上は伸びません。お客様を待たせたくない、たまに催促メッセージが来るので早く対応したい、と思うかもしれませんが、毎日細切れに発送作業をしたり、発送のために外出するのは時間の使いすぎです。

毎日の外出を2日に1回に減らすだけでも、数十分から1時間程度の作業時間が確保できるでしょう。この時間にリサーチや出品作業を行なった方が売上は早く伸びていきます。

　検品梱包の効率化については本書でも詳しくお伝えしましたが、その上で売上の高い人は発送業務もまとめて作業する事で効率化しています。具体的には週3回くらいに集約する事を推奨します。
　発送が遅くなると売れなくなるのでは、クレーム対象になるのでは、と心配かもしれませんが、毎日発送から週3回に変更しても売上は変わらずクレーム率も変わらないという検証結果があります。

　安心して発送作業はまとめて行い、売上に直結する作業に集中しましょう。それだけでもあなたの売上は1.5倍以上のスピードで伸びていくでしょう。

## その日、何から作業する？

　売上の高い人はその日の一番初めにどの作業をするかにこだわります。本業であれ副業であれ、作業開始したタイミングが一番エネルギーに満ち溢れているでしょう。そこで、先程のような発送作業を割り当ててしまうのは非常に勿体無い事です。

　自分が一番集中でき、一番力が使える時間帯は、必ず売上に直結する作業「出品」や「リサーチ」を行います。発送や在庫管理を先に行なってしまうと、一仕事したつもりになってしまいます。その後、疲れてしまい他の作業が捗らずに売上を伸ばす業務まで辿り着けない。結果、売上が上がらない。モチベーションも上がらない。という負のスパイラルへ気が付かない内に陥ってしまうのです。

　発送や在庫管理作業は1日の最後にする方が上手くいっている事例が多いです。夜梱包作業をして次の日にポストへ投函するだけにしている方もいらっしゃいます。力が使える一番目の作業で最大限の売上を発揮するスタイルを身につけましょう。

　また、勉強に多くの時間をかけすぎている方も注意が必要です。特に頭の良い方に多いのですが、全てを理解してからはじめよう。知識を付けてからじゃないと不安。といった感じで実務が後回しになってしまう傾向にあります。

　ビジネスは全てを完璧に理解する事は不可能だと思っておいた方が良いでしょう。勉強すればするほど疑問や不安が湧き上がり、いつまで経っても実践する事ができなくなってしまいます。インプットは大切ですが、それだけではお金に変わる事はありません。アウトプット（行動）を最優先で、とりあえずやってみた人だけが売上を手にできる世界だという事を忘れないでくださいね。

## 売上を伸ばす作業を再確認しよう

　売上を右肩上がりに伸ばすには「リサーチして、仕入れて、出品して、売る」この作業を繰り返すしかありません。あなたもはじめてリサーチと出品を行い、売れるように修正を加えて、商品が売れる喜びを経験した事でしょう。

　ただ、そこで止まってしまう人も多いのです。最初にリサーチした商品だけを売り続けて、新規リサーチや出品の手が止まってしまう。これでは売上は大きくならないのは当然です。

　毎月数点ずつでも良いので、新商品を追加しながら売れなくなった商品と入れ替えをを行っていく。常に大人気商品を配置した状態を維持する「自動販売機モデル」を忘れないようにしてくださいね。

テスト仕入れを素早く完了させる事も鉄則です。中国へ発注したものの、商品数がまだ少ないからといって代行業者の倉庫へ溜めておくのは非効率です。テスト仕入れは利益を出すために行うものではありません。本当に売れるかどうか、届いた商品に問題が無いかを試すための準備作業です。

　例えば、5個の商品を発注したけれど仕入先からの発送の関係でまだ4つしか代行業者の倉庫に到着していない。残り1商品がなかなか届かない。という事例は良く発生します。そういった場合は全ての商品が揃うのを待つのでは無く、ある程度のタイミングで見切りをつけて今ある4商品を先に日本へ送ってもらいましょう。発注後5日以上経過しても仕入先からの発送が確認できない場合は、代行業者を通じて本当に在庫はあるのか、進捗はどうなっているのか、いつ発送されるのか？　仕入先に問い合わせしてもらうのをおすすめします。

　待つのでは無く、積極的に行動する事が大切です。自分で考えて行動できている人は、やはり成果を上げるスピードも目覚ましいものとなります。

## 最後は、やるかやらないか

　売上を伸ばす原動力は最終的にはあなた次第とも言えます。そもそも、何のためにこのビジネスをはじめたのか？　やる気が出ない時や、なかなか売上が上がらずめげそうな時は思い返してみましょう。現状の収入に満足できていない、老後が不安、家族のため、自分のため、理想の人生のため、様々な理由があるでしょう。その気持ちが本当であれば、今が最高のタイミングです。

　なかなか成果が上がらなかった方も、諦めずに行動へ移せば必ず成果が上がっています。もうできない、もう遅い。なんて事はありません。過去には戻れませんが、今後の人生の中で一番若くて、一番動け

るのは「今」なのです。今がチャンスです！

　行動できない事、実践できずついついサボってしまう状態が続くと、自分を責めてしまう事もあるでしょう。ダラダラと自分を責めながらしょんぼりしていても売上は上がりません。なぜできないのだろう？

　こんな状態では駄目だ！　と悩んでしまう時は、紙に書き出してみる事をおすすめします。特に、1日の生活の中で何にどれくらい時間を使ったかを明確に記録してみましょう。

　15分を1つのブロックとして、朝起きてからの15分毎に何をやっていたかを書き出してみます。例えば、7時に起床したとしましょう。7時00分〜15分までは何をしたか、7時15分〜30分までは何をしていたか、という具合です。

　起床後すぐ、7時00分〜15分まではスマホを眺めていました。7時15分〜30分までは、まだまだ飽き足らずスマホを触っていました。という時間の無駄が早速見つかります。（非常に多い事例です！）

　1日の中にある無駄な15分を集約すれば、それなりの時間が確保できる事に気が付くでしょう。時間が無い、と悩んでいる人も実は自ら捨ててしまっている時間が隠れているのです。4ブロックあればあなたの1日は1時間も多くなります。その時間をお金を稼ぐ時間に変えましょう！

　1日の行動を客観視してみると、あなたの行動を妨げている「原因」が見えてくるでしょう。例えば、無意識にスマホでSNSを見てしまう、ついついテレビを観てしまう無駄な習慣が見つかったのであれば、その原因を遠ざけるようにします。朝起きたら、スマホは触らない。テレビリモコンは隠してしまう。などすぐに行動できる環境を作っていきましょう。

副業で実践中の方は本業の仕事から帰ってから作業をする事が多いでしょう。帰ったら作業するぞ！　とやる気に満ちて帰宅したはずが……まずは、ビールを。リラックスしてからリサーチ、出品をしよう。と、誘惑に負けてしまっていませんか？　（笑い話のようですが、こういった方が本当に多いのです）

　帰宅してリラックスしてしまったら、結局その日は作業できずにそのまま寝てしまうでしょう。あなたは人生を変えようと、中国輸入ビジネスを自ら選択したはずです。これはれっきとしたあなたの「ビジネス＝仕事」である事を忘れてはいけません。副業だからと言い訳をしている場合ではありません。あなたは明日会社へ出勤したら、まずはお酒を飲んでリラックスしてから業務を開始しよう。と思いますか？

　そんなありえない行動を、最も大切な自分自身の仕事に対して取っているのです。お金を稼ぎたい、増やしたい、将来のため家族のために豊かになりたい。そう思うのであれば今、本気で取り組んでいきましょう。


　最後の最後に説教じみたお話をしてしまい申し訳ありません（笑）。本業が忙しい、毎日疲れている、時間が無い、お金が無い、やる気が出ない……その気持は非常に良くわかります。ただ、それは誰しも同じ事です。それでもやろうと思って自分のビジネスをはじめたあなたは、とても勇気があり素晴らしい行動力と決断力をお持ちです。そして、その最初の大きな第一歩の先が明るい未来へつながるかどうかは、あなたの実践と行動次第です。


　結果は、行動した人にしかついてきません。けれども、やれば必ず結果はついてきます。そして、その結果があなたが思っていた以上の素晴らしい物となるよう、中国輸入ビジネスを通してできる限り多くの方の夢を叶えるお手伝いをしたい。という思いで本書を書き上げました。

　本書が少しでもあなたのお役に立つ事ができれば、それほど嬉しい事はありません。最後までお付き合い頂き、本当にありがとうございました。あなたの成功を心よりお祈りします。

引き続きよろしくお願い致します！

---

**中国輸入ビジネスで売上を上げる7か条**

①勉強よりも作業を優先
②100点を目指さず70点を継続
③何よりも出品作業が最優先
④迷惑行為は絶対にやらない
⑤値下げは躊躇しない
⑥売れない時は「ライバルチェック」
⑦自分がどう思われるか？　など気にしない

**著者紹介**

**佐藤 一成**（さとう かずなり）

日本フリマアプリ協会代表。1975年、千葉県生まれ。

平凡なサラリーマン家庭に育ち、一般的な教育を受ける。

2015年、フリマアプリ物販事業を開始。わずか1年で月商270万円、2017年には500万円を突破。
その後8年以上にわたり売上を維持し、40%以上の利益率を確保。
現在は、日本フリマアプリ協会代表として活動する傍らフリマビジネスカレッジ主催、講師としても
4,000人以上にネット通販での販売戦略を指導し、多数の成功者を輩出。
かつては2億円の借金を抱えながらも、【ネット通販×中国輸入】で再起。
自身の経験に基づき小資金、低リスクで始められるビジネスモデルを確立し多くの人々の収入アップ
を支援している。
「真面目にコツコツ実践すれば、誰でも成果を出せる」をモットーに、時間やお金がない人でも挑戦
できるノウハウを提供中。

気軽にはじめて超かんたん！
# 中国仕入れ&メルカリ販売 超入門
## 自宅副業で毎月10万円が稼げる「自動販売機モデル」の作り方

2025年4月28日　初版第一刷発行

著　者　　佐藤 一成
発行者　　宮下 晴樹
発　行　　つた書房株式会社
　　　　　〒101-0025　東京都千代田区神田佐久間町3-21-5　ヒガシカンダビル3F
　　　　　TEL. 03（6868）4254
発　売　　株式会社三省堂書店/創英社
　　　　　〒101-0051　東京都千代田区神田神保町1-1
　　　　　TEL. 03（3291）2295
印刷／製本　株式会社丸井工文社